가족관계등록 이야기

법원행정처

서문

역대 최고의 드라마시리즈 중 하나로 평가받는「왕좌의 게임」마지막 편에서는 온갖 천신만고가 일단락 된 이후 주인공들이 한자리에 모여 새로운 왕국의 지도자를 선출하는 장면이 등장합니다. 반전의 정수를 보여주었던 시리즈답게 과연 아무도 예상치 못했던 인물이 모든 참가자들의 동의를 얻어 새 리더로 옹립되었으니, 그는 브랜 스타크입니다. 시즌 초반에 별 비중 없는 어린 아이로 등장하였다가 못된 어른의 범행으로 두 다리를 못 쓰게 된 이후 시공간을 넘나드는 비범한 시야를 갖게 된 인물로, 시리즈 내내 그의 시선을 통하여 서사의 주축을 이루는 오랜 갈등의 기원과 진실이 드러나게 됩니다. 기라성 같은 후보자들을 제치고, 신체적으로 열세이며 별다른 실적도 없던 그가 새 지도자로 선택될 수 있었던 권위, 정당성 또는 원동력은 다름 아닌 '이야기(story)'의 힘이었습니다.

"우리를 하나로 묶어주는, 세상을 움직이는 가장 큰 힘은, 군대, 황금 또는 깃발이 아니라, 좋은 이야기(good stories)에서 나옵니다. 여기 모인 사람들 중 누가 가장 많은 이야기를 품고 있을까요?"

이 질문에 왕국을 쥐락펴락하던 정치인, 칼잡이, 전략가, 군사령관, 대학자 등이 공감하고, 결국 시공간을 넘나들며 수백·수천 년의 인간사를 섭렵한 이야기의 왕 브랜 스타크를 새 지도자로 인정합니다. 이야기의 힘은 이처럼 강력합니다.

가족관계등록부는 우리 국민 개개인의 신분과 정체성을 증명하는 유일한 공적 자료로, 여기에는 우리네 생로병사 또는 관혼상제의 기록이 오롯이 담겨 있습니다. 법원행정처 사법등기국 가족관계등록과는 우리나라 가족관계등록제도 전반의 운영과 정책을 총괄하는 부서이기에, 적어도 이 분야에서는 앞서 소개한 브랜 스타크 만큼이나 풍부한 이야기를 품고 있습니다. 이 책은 그러한 이야기들을 나누고자, 즉, 이야기의 힘을 빌려 일상생활과 밀접한 가족관계등록제도에 관한 국민들의 이해를 높이고자 제작되었습니다. 전례 없는 새로운 시도로서 담당 공무원이 아닌 일반 독자들을 대상으로 보다 쉽고 재미있게 정확한 정보를 제공한다는 일념으로 20여명의 부서원 전원이 기획, 집필, 감수 등 작업에 동참하여 완성도를 높였습니다.

과연 마음에 안 드는 자식을 호적에서 파버릴 수 있는지, 이름은 몇 글자까지 늘릴 수 있는지, 호적과 현행 가족관계등록부는 어떻게 다른지 등등 본문에 담긴 평소 궁금했던 주제들에 관한 이야기를 통해 누구나 한번쯤 발급받아 보았을 가족관계증명서에 기록된 정보들(즉, 국가가 체계적으로 공인하고 관리한 내 신분과 정체성의 구성요소들)의 의미와 가치를 되새기는 기회를 가질 수 있기를 소망합니다.

2025년 11월
법원행정처 사법등기국 가족관계등록과
구성원 일동

이야기
가족관계등록

차례

제6장 가족관계등록부 정정과 개명

제7장 국제가족관계등록

제 1 장

가족관계등록제도

1. 가족관계등록제도의 시작
2. 호적이 지금도 필요한가요?
3. 호적에서 파낸다?
4. 가족관계등록과 주민등록
5. 출생과 혼인 신고는 어디에서?
6. 독립유공자들의 가족관계등록부

01 가족관계등록제도의 시작

가족관계등록제도란?

가족관계등록제도는 대한민국 국민 개개인의 출생·혼인·사망 등 가족관계의 발생 및 변동에 관한 사항을 「가족관계의 등록 등에 관한 법률」이 정한 절차에 따라 가족관계등록부에 기록하고 그 기록사항을 증명서를 통해 공증하는 것입니다.

이러한 가족관계등록제도는 2008. 1. 1.부터 시행되었으며, 그 이전에는 호적제도가 있었습니다.

탄핵당한 호주제

호주제는 2005. 2. 3. 헌법재판소에서 헌법불합치 결정을 받았습니다. 헌법재판소 결정 후 호주제를 폐지하는 민법 개정과 「가족관계의 등록 등에 관한 법률」 제정을 통해 2008. 1. 1. 가족관계등록제도가 시행되었습니다.

그러나 아직도 호적이라는 용어가 친숙하게 느껴지기도 합니다. 가족관계등록제도를 이해하기 위해 호주제가 폐지된 이유를 먼저 알아보겠습니다.

남아선호사상과 호주제

1990년대까지 남아선호사상과 가부장적인 가족문화가 자리 잡고 있었는데 이런 시대상을 잘 반영한 '아들과 딸'이라는 드라마가 있었습니다.

아들을 원하는 시어머니에게 구박과 멸시를 받으면서 살아온 며느리가 드디어 네 번째 출산에서 아들과 딸을 쌍둥이로 낳게 됩니다. 아들의 이름은 귀하다고 '이귀남', 딸의 이름은 또 아들을 낳게 해달라는 의미로 '이후남'으로 짓습니다. 하지만 또 딸을 낳아 그 이름을 '이종말'이라고 짓습니다.

엄마는 딸을 차별하고 구박합니다. 그럼에도 역경을 이겨나가는 딸의 여정을 그린 드라마는 많은 이들의 공감을 얻어 인기리에 방영되었습니다.

드라마가 방영되던 때에는 호주제 시대로, 아들은 호주승계를 통하여 집안의 대를 잇는 존재였습니다. 아들이 있어야 가족이 영속될 수 있다는 믿음으로 간절하게 바라던 아들이 태어났으니 그에 대한 각별한 사랑은 당연하였을 것입니다.

이처럼 남아선호사상과 가부장적인 가족문화의 배경에는 호주제가 존재하고 있었습니다.

호주제란?

호주제는 호주를 정점으로 가(家)라는 관념적 집합체를 구성하고, 이러한 가(家)를 원칙적으로 직계비속남자를 통하여 승계시키는 제도로, 남계혈통을 중심으로 가족집단을 구성하고 이를 대대로 지속하는데 필요한 법적 장치라고 할 수 있습니다.

이러한 호주제에서 자녀는 호주인 아버지의 가에 입적하는 부가입적(父家入籍)과 여자는 남편의 가에 입적하는 부가입적(夫家入籍)이라는 원칙에 따라 가족의 범위가 결정되었습니다.

헌법재판소가 지적한 호주제의 불합리한 점

자녀의 부가입적(父家入籍)의 문제점

자녀는 아버지의 호적에 입적하므로 부모가 이혼하면서 어머니가 자녀의 친권자와 양육자로 지정되어도 자녀는 여전히 아버지의 호적에 남아 있게 됩니다.

아버지의 양육권 포기, 재혼 등으로 교류가 단절되거나, 자녀학대 등으로 가정파탄의 원인을 제공하거나, 당사자인 자녀가 아버지의 호적을 떠나 어머니의 호적에 입적하기를 원해도, 자녀는 아버지의 호적에 소속되고 아버지가 자녀들의 호주가 되었습니다.

반면 어머니와 자녀로 구성된 가족은 비정상적 가족으로 취급되어 사회생활에 여러모로 불편할 뿐 아니라 극심한 정신적 고통을 겪게 되기도 하였습니다.

미혼모의 자녀는 아버지가 자녀를 인정하지 않으면 아버지 호적에 오를 수 없었습니다. 그러나 아버지는 어머니와 자녀의 의사에 상관없이 자녀를 인지하여 본인의 호적에 올릴 수 있었습니다. 아버지가 어머니와 혼인할 의사가 없고, 자녀를 양육할 의사가 없더라도 아버지의 일방적인 행위로 자녀의 가족관계는 엄청난 변화를 감수하였어야 합니다.

여자의 부가입적(夫家入籍)의 문제점

여자는 태어나서 아버지의 가에, 혼인으로 남편의 가에, 늙어서는 아들의 가에 각 귀속하는데 이는 여성을 존엄한 독립한 인격체로서 존중하지 않으므로 남아선호라는 병폐와 연결되고, 남성우위의 사회적 풍토를 조성·유지하게 됩니다.

호주제는 헌법에 부합하지 않는 제도

이러한 호주제를 헌법재판소는 헌법에 부합하지 않는 제도라고 선언하였는데 그 이유는 다음과 같습니다.

"오늘날 가족관계는 한 사람의 가장(호주)과 그에 복속하는 가속(家屬)으로 분리되는 권위주의적인 관계가 아니라, 가족원 모두가 인격을 가진 개인으로서 성별을 떠나 평등하게 존중되는 민주적인 관계로 변화하고 있습니다.

또 사회의 분화에 따라 가족의 형태도 모와 자녀로 구성되는 가족, 재혼부부와 그들의 전혼 자녀로 구성되는 가족 등으로 매우 다변화되었으며, 여성의 경제력 향상, 이혼율 증가 등으로 여성이 가구주로서 가장의 역할을 맡는 비율이 점증하고 있습니다.

그러므로 호주제가 설사 부계혈통주의에 입각한 전래의 가족제도와 일정한 연관성을 지닌다고 가정하더라도, 그 존립의 기반이 붕괴되어 더 이상 변화된 사회 환경 및 가족관계와 조화되기 어렵고 오히려 현실적 가족공동체를 질곡하기도 하므로 호주제를 존치할 이유를 찾아보기 어렵습니다."

결국 호주제는 2005. 2. 3. 헌법재판소에서 헌법불합치결정을 받아 2008. 1. 1. 「가족관계의 등록 등에 관한 법률」의 시행과 동시에 역사속으로 사라지게 되었습니다.

*헌법재판소 2005. 2. 3. 선고 2001헌가9 등 결정을 참조하였습니다.

02 호적이 지금도 필요한가요?

제적부란?

예전의 호적부를 지금은 제적부라고 합니다. 제적부는 마치 학교의 '졸업생 명부'와 비슷합니다. 학교에 다니는 학생들은 '재학생 명부(호적부)'에 이름이 올라가 있다가 졸업을 하거나 전학을 가면 더 이상 재학생 명부에는 이름이 남지 않고, 대신 '졸업생 명부(제적부)'에 기록이 옮겨집니다. 이 졸업생 명부에는 그 학생이 학교에 다녔던 모든 기록(입학, 졸업, 전학)이 남아 있어, 나중에라도 그 학생의 학교생활을 확인할 수 있습니다. 이처럼 호적제도에서 호적부는 '현재 가족의 신분관계'를 기록한 장부, 제적부는 '과거에 있었던 가족의 신분관계'를 기록해 두는 장부였습니다.

또한 2008. 1. 1. 가족관계등록제도가 시행되면서 기존 호적은 모두 제적되었고, 호적에 기재된 내용은 가족관계등록부에 옮겨 적었습니다. 따라서 지금은 2008. 1. 1. 전에 존재하였던 모든 호적부를 제적부라 합니다.

지금도 제적부가 필요?

상속이 발생하면 사망한 사람의 제적등본 제출을 요구하는 등 지금도 제적부는 필요할 때가 많습니다.

가족관계등록제도를 시행할 때 2008. 1. 1. 전에 사망, 국적상실 등으로 제적된 사람은 가족관계등록부를 만들지 않았습니다. 가족관계등록부가 있는 사람들만 전산정보로 연결시켜 가족으로 기록하였으므로 2008. 1. 1. 전에 사망한 사람은 가족관계증명서에 나타나지 않습니다.

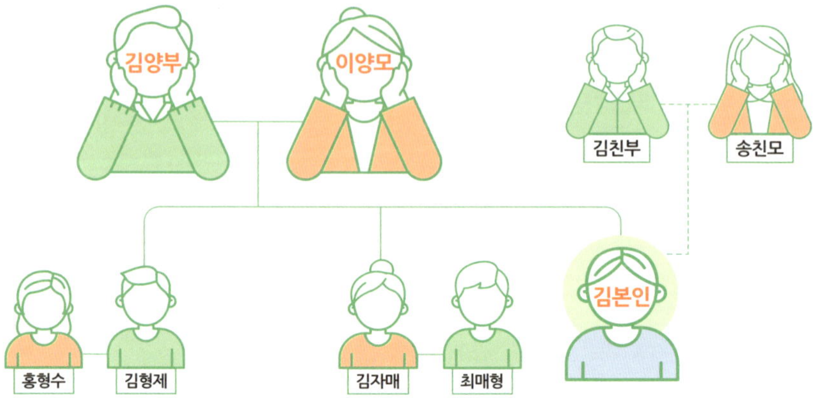

11페이지에 제적등본의 예시가 있습니다.

김양부가 호주인 제적등본입니다. 호주 아래 가족들이 기재되어 있습니다.

김양부의 자녀인 김형제는 2007. 6. 8. 사망하였습니다. 이 경우 김형제는 김양부의 가족관계등록부 작성 전 사망하여 아버지의 가족관계등록부에 기재되지 않습니다.

김양부가 사망할 때 홍형수가 재혼하지 않았다면, 이미 사망한 남편 김형제를 대신해 홍형수가 김형제 몫의 상속분을 받게 됩니다(대습상속). 그러나 김양부의 가족관계증명서에 김형제가 기재되지 않아 모든 상속인을 파악할 수 없습니다.

따라서 김양부의 가족관계증명서뿐만 아니라 제적등본을 살펴보아 진정한 상속인을 누락하는 일이 없도록 하여야 합니다.

같은 호적에 없는 가족은?

호적은 호주를 중심으로 호주와 가족관계에 있는 사람을 기재하였습니다. 그러나 호주의 모든 가족이 동일 호적에 기재된 것은 아닙니다. 호주와 호주의 장남을 제외한 아들은 혼인으로 분가를 하면 기존 호적에서 제적시키고 새로운 호적을 만들었고, 딸의 경우 혼인을 하면 남편이 있는 호적에 입적시키기 위해 제적을 하였습니다.

제적등본 예시를 보면 김자매는 혼인을 하여 최매형의 호적으로 입적되면서 김양부의 호적에서 제적되었습니다. 홍형수는 김형제와 혼인으로 김양부의 호적에 입적되었습니다.

결국 혼인으로 김양부와 김자매, 홍사돈과 홍형수는 부녀관계임에도 동일 호적에 기재되지 않았던 것입니다.

이혼하면 어머니는 어디에?

부모가 이혼하면 어머니는 아버지의 호적에서 제적되므로 어머니와 자녀가 같은 호적에 기재되지 않습니다. 이후 어머니가 외할아버지 호적에 복적되고 다시 재혼 배우자 호적에 입적된 경우에는 어머니가 이동한 여러 호적을 확인하여야만 이혼 이후 어머니의 신분변동관계를 알 수 있습니다.

동일 호적에 없는 가족을 찾을 수 있는 방법은?

호적은 본적지에서 호주를 기준으로 작성되므로 본적지와 호주의 성명은 호적의 주소와 같습니다. 따라서 본인의 호적은 본적지와 호주의 성명을 안다면 찾을 수 있습니다.

제적등본 예시를 보면 김자매의 '입적 또는 신호적란'을 보면 '대전광역시 서구 둔산동 1400번지 호주 최매형'의 호적에 입적되었음을 알 수 있습니다.

홍형수의 '전호적란'을 보면 '수원시 영통구 하동 1018-4번지 호주 홍사돈'의 호적에서 혼인으로 제적되었음을 알 수 있습니다.

이렇듯 '전호적란'을 통해 입적 전 호적을, '입적 또는 신호적란'을 통해 제적 후 입적된 호적을 알 수 있으므로 본적과 호주를 통해 동일 호적에 기재되지 않은 가족들을 찾아낼 수 있습니다.

가족이 누락된 경우도?

제적과 입적 등 호적의 기재를 수작업으로 하면서 호적기재에 착오가 발생할 가능성도 있었습니다. 공무원의 착오로 본적지 또는 호주가 잘못 기재되면 새롭게 만들어진 호적 또는 이전 호적을 찾아갈 수 없어 가족관계등록부에 가족으로 연결되지 않을 수도 있습니다.

가족관계등록제도 시행 이후 제적부를 조사하여 누락된 가족이 없도록 하여 현재는 연결되지 않은 가족은 거의 없을 것입니다.

그리고 등록관서 공무원은 누락된 가족을 발견하면 직권으로 전산정보를 연결하여 가족관계증명서에 기재될 수 있도록 합니다.

그럼에도 누락된 가족이 있을 가능성을 완전히 배제할 수 없으므로 상속 같은 중요한 법률관계가 발생하면 제적부를 확인하여야 합니다.

제적등본

제 적

제적등본

<table>
<tr><td>본 적</td><td colspan="6">서울특별시 영등포구 여의도동 1번지</td></tr>
<tr><td>호적편제</td><td colspan="6">[편제일] 1963년 01월 02일</td></tr>
<tr><td>전산이기</td><td colspan="6">[이기일] 2002년 02월 18일
[이기사유] 종전 호적법시행규칙 부칙(2001. 01. 04.) 제2조제1항</td></tr>
<tr><td>호적말소</td><td colspan="6">[말소일] 2008년 01월 01일
[말소사유] 법률 제8435호에 의하여 말소</td></tr>
<tr><td colspan="2">전호주와의 관계</td><td colspan="3"></td><td rowspan="2">전호적</td><td rowspan="2"></td></tr>
<tr><td>부</td><td>불명</td><td rowspan="2">성별</td><td rowspan="2">남</td><td>본</td></tr>
<tr><td>모</td><td>김조모</td><td>△△</td><td>또는
신호적 입적</td><td></td></tr>
<tr><td rowspan="2">호주</td><td colspan="4" rowspan="2">김양부(金養父)
제적</td><td>출생</td><td>서기 1963년 01월 01일</td></tr>
<tr><td>주민등록번호</td><td>630101-12345○○</td></tr>
<tr><td>출생</td><td colspan="6">[출생장소] 서울특별시 영등포구 여의도동 1번지
[모의본적] 모의 본적 불명
[출생및일가창립신고일] 1963년 01월 02일
[신고인] 동거친족 김후견</td></tr>
<tr><td>혼인</td><td colspan="6">[혼인신고일] 1983년 01월 04일
[배우자] 이양모</td></tr>
<tr><td>입양</td><td colspan="6">[신고일] 1990년 03월 02일
[양자] 김본인</td></tr>
</table>

〈호적사항란〉

본적과 호적의 변동 내역이 기재됩니다. 예시에는 1963. 1. 2. 출생 및 일가창립신고로 호적이 편제되었고, 2002. 2. 18.에 전산호적이 작성되었습니다. 2008. 1. 1. 가족관계의 등록 등에 관한 법률 시행에 따라 제적되었음을 알 수 있습니다.

〈제적사유〉

사망, 법정분가, 부가(夫家)입적 등으로 인하여 해당 호적을 사용하지 않을 때 제적 표시를 합니다.

〈일가창립〉

호적법 시절에는 자녀는 부(父)의 호적에 입적되는 것이 일반적이었습니다. 다만 부모를 알 수 없거나 그 호적에 입적할 수 없을 때에는 출생신고와 동시에 일가창립 신고를 하면 본인을 호주로 하는 호적이 편재됩니다. 이 경우 전호주와의 관계는 빈칸으로 두었습니다.

제 적

서울특별시 영등포구 여의도동 1번지
김양부

<table>
<tr><td>부</td><td>이조부</td><td rowspan="2">성
별</td><td rowspan="2">여</td><td>본</td><td rowspan="2">전호적</td><td rowspan="2">인천직할시 남구 주안동
274-12번지 호주 이조부</td></tr>
<tr><td>모</td><td>정조모</td><td>□□</td></tr>
<tr><td rowspan="3">처</td><td colspan="4" rowspan="3">이양모(李養母)
제적</td><td>입적
또는 신호적</td><td></td></tr>
<tr><td>출생</td><td>서기 1964년 01월 01일</td></tr>
<tr><td>주민등록번호</td><td>640101-2345○○</td></tr>
<tr><td>출생</td><td colspan="6">[출생장소] 경기도 인천시 남구 주안동 274-12번지
[신고일] 1964년 01월 30일 [신고인] 부</td></tr>
<tr><td>혼인</td><td colspan="6">[혼인신고일] 1983년 01월 04일
[배우자] 김양부</td></tr>
<tr><td>입양</td><td colspan="6">[신고일] 1990년 03월 02일
[양자] 김본인</td></tr>
</table>

<table>
<tr><td>부</td><td>김양부</td><td rowspan="2">성
별</td><td rowspan="2">남</td><td>본</td><td rowspan="2">전호적</td><td rowspan="2"></td></tr>
<tr><td>모</td><td>이양모</td><td></td></tr>
<tr><td rowspan="3">자</td><td colspan="4" rowspan="3">형제(兄弟)
제적</td><td>입적
또는 신호적</td><td></td></tr>
<tr><td>출생</td><td>서기 1984년 01월 01일</td></tr>
<tr><td>주민등록번호</td><td>840101-1234○○</td></tr>
<tr><td>출생</td><td colspan="6">[출생장소] 서울특별시 마포구 공덕동 105-1번지
[신고일] 1984년 01월 02일 [신고인] 부
[송부일] 1984년 01월 10일 [송부자] 서울특별시 마포구청장</td></tr>
<tr><td>혼인</td><td colspan="6">[혼인신고일] 2004년 01월 02일
[배우자] 홍형수</td></tr>
<tr><td>사망</td><td colspan="6">[사망일시] 2007년 06월 08일 17시 59분
[사망장소] 서울특별시 마포구 공덕동 105-1번지
[신고일] 2007년 07월 02일
[신고인] 동거자 친족 홍형수</td></tr>
</table>

〈전호적〉

입적, 복적, 일가창립, 분가한 사람의 원적을 기재합니다.

〈입적 또는 신호적〉

당해 호적에서 제적되는 사람의 행선지를 기재합니다.

〈'김형제'의 본란이 비어있는 이유〉

가족 중 호주와 동성동본(同姓同本)의 친족관계가 있는 자의 본란은 기재하지 않았습니다.

〈호주와의 관계〉

'처', '자', '자의 처'와 같이 성명 앞에 호주와의 관계를 표시합니다.

〈'김형제'의 가족관계등록부가 없는 이유〉

가족관계등록부는 2008. 1. 1. 당시 유효한 호적기재사항을 토대로 작성하였습니다. 2008. 1. 1. 전 사망, 국적상실, 실종선고 등으로 제적된 사람은 가족관계등록부가 없습니다.

제 적	서울특별시 영등포구 여의도동 1번지 김양부

<table>
<tr><td>부</td><td>김양부</td><td rowspan="2">성별</td><td rowspan="2">여</td><td>본</td><td rowspan="2">전호적</td><td rowspan="2"></td></tr>
<tr><td>모</td><td>이양모</td><td></td></tr>
<tr><td rowspan="3">자</td><td colspan="4" rowspan="3">자매(姉妹)
제적</td><td>입적
또는 신호적</td><td>대전광역시 서구 둔산동
1400번지 호주 최매형</td></tr>
<tr><td>출생</td><td>서기 1987년 01월 01일</td></tr>
<tr><td>주민등록번호</td><td>870101-2222200</td></tr>
<tr><td>출생</td><td colspan="6">[출생장소] 부산직할시 연제구 거제동 1500번지
[신고일] 1987년 01월 15일 [신고인] 부
[송부일] 1987년 01월 20일 [송부자] 부산직할시 북구청장</td></tr>
<tr><td>혼인</td><td colspan="6">[혼인신고일] 2007년 12월 28일
[배우자] 최매형
[제적일] 2007년 12월 28일</td></tr>
</table>

<table>
<tr><td>부</td><td colspan="2">김친부</td><td rowspan="2">성별</td><td rowspan="2">남</td><td>본</td><td rowspan="2">전호적</td><td rowspan="2">광주광역시 서구 치평동
1205-3번지 호주 김친부</td></tr>
<tr><td>모</td><td colspan="2">송친모</td><td>○○</td></tr>
<tr><td rowspan="3">자</td><td>양부</td><td>김양부</td><td colspan="3" rowspan="2"></td><td>입적
또는 신호적</td><td></td></tr>
<tr><td>양모</td><td>이양모</td><td>출생</td><td>서기 1990년 01월 01일</td></tr>
<tr><td colspan="5">김본인(金本人)
제적</td><td>주민등록번호</td><td>900101-12345○○</td></tr>
<tr><td>출생</td><td colspan="7">[출생장소] 서울특별시 도봉구 도봉2동 626번지
[신고일] 1990년 01월 02일 [신고인] 부</td></tr>
<tr><td>입양</td><td colspan="7">[신고일] 1990년 03월 02일
[양부] 김양부
[양모] 이양모</td></tr>
</table>

〈'김본인'의 양가 입적〉

양자는 친부모의 호적을 떠나 양부모의 호적에 입적됩니다. 입양 전 호적을 전호적란에 기재합니다.

〈법정분가〉

호주의 가(家)를 이을 자를 제외한 남성은 혼인을 하면 분가하여야 합니다. 분가한 호적을 입적 또는 신호적란에 기재합니다.

〈부(夫)가에 입적〉

여성이 혼인을 하면 아버지의 호적을 떠나 남편의 호적으로 입적합니다. 입적한 호적을 입적 또는 신호적란에 표시합니다.

제 적

서울특별시 영등포구 여의도동 1번지
김양부

부	홍사돈	성별	여	본	전호적	수원시 영통구 하동 1018-4번지 호주 홍사돈
모	윤사모			☆☆		
자의 처	홍형수(洪兄嫂) 제적				입적 또는 신호적	
					출 생	서기 1978년 11월 03일
					주민등록번호	781103-2222○○
출생	[출생장소] 안양시 관양동 1120-2 [신고일] 1978년 11월 15일 [신고인] 부					
혼인	[혼인신고일] 2004년 01월 02일 [배우자] 김형제					
기타	[배우자의 사망일] 2007년 06월 08일 [배우자] 김형제					

위 등본은 제적의 내용과 틀림없음을 증명합니다.

발급시각 : 14시27분
발급담당자 : 공무원
☏ 02-0000-0000

〈한글이름은 한자 성과 함께〉

한글이름을 가진 사람은 한자란에 한글이름을 기재합니다.

〈배우자 '김형제'의 사망〉

잔존 배우자 '홍형수'의 일반신분사항란에 배우자 사망일을 기재합니다.

〈남편이 사망할 경우〉

남편이 사망할 경우에는 혼가에 그대로 머물러 있을 수도 있고, 친가복적 또는 일가창립을 할 수도 있습니다.

03 호적에서 파낸다?

호적에서 파낸다?

"내가 저 놈아 때문에 호적을 갈아 묵었다 아이가!"

2018년 개봉한 영화 '마약왕'에서 주인공이 호적을 세탁하여 다른 사람 신분으로 살았던 사실을 말하는 장면입니다.

2023년 선풍적인 인기를 끌었던 「더 글로리」라는 드라마에서는 전재준이 하도영의 어머니에게 '하예솔'을 호적에서 파달라고 하는 장면도 있었습니다.

호적제도가 폐지된 지 약 18년이 되었지만 이처럼 각종 영화나 방송 프로그램에서는 '호적에서 파낸다'라는 말을 아직도 관용구처럼 쓰고 있습니다.

호적에서 제적이란?

'호적에서 파낸다'라는 표현은 주로 잘못을 저지른 가족을 호적에서 지워 가족으로 인정하지 않겠다는 의미로 사용하는 것으로 보입니다.

기존 호적에서 가족이 빠지는 제도가 있는데 이를 제적이라고 합니다.

호적은 호주를 중심으로 가족구성원을 기재하므로 혼인 등으로 기존 호적에서 분가하여 새로운 호적을 만들거나 남편이 있는 호적에 옮겨 적는데 이를 기존 호적에서 제적한다고 하는 것입니다.

가족관계등록부에서 삭제할 수 없습니다.

그러나 가족관계등록부는 종이호적부처럼 원부가 존재하지 않고 등록사항에 관한 전산정보자료를 개인별로 구분·작성한 데이터의 조합으로 가족끼리는 전산정보로 연결되어 있습니다. 따라서 혼인이나 입양을 하더라도 삭제할 수 없으므로 가족관계등록부에서 파버린다는 말 자체가 성립할 수 없습니다. 본인이 사망하면 본인의 가족관계등록부를 폐쇄할 뿐입니다.

개인이 호적을 마음대로 변경할 수 없습니다.

호적이나 가족관계등록부는 신분관계를 증명하는 공적인 장부로 당사자가 마음대로 변경할 수 없습니다.

진정한 가족이 아님에도 착오로 가족으로 기록되었다면 소송을 제기하여 판결문을 가지고 이를 정리하여야 하는 등 부모와 자녀 관계는 호적제도에서도 법적으로 정해진 절차에 의해서만 변경할 수 있었습니다. 따라서 마음대로 호적이나 가족관계등록부의 부모, 자녀를 삭제할 수 없습니다.

만약 마음에 들지 않는다고 자녀를 호적이나 가족관계등록부에서 삭제할 수 있도록 한다면 신분관계를 증명하는 공적 장부의 기능이 심각하게 손상될 것입니다. 근친혼이 행해지더라도 이를 막을 수 없을뿐더러 상속 등 법률관계가 발생하면 해결하기 곤란할 것입니다.

개인의 의지로 국가가 관리하는 공적인 장부나 기록을 마음대로 변경할 수 있다면 친족관계 또는 상속관계에서 발생하는 문제점은 우리가 감히 상상할 수조차 없겠습니다.

마음대로 호적에서 파낼 수 없습니다.

'호적에서 파낸다'는 것은 과거 호적이 있던 시절 제적을 표현하는 말로 보입니다. 물론 그때에도 법적 근거 없이 개인의 의사로 가족을 호적에서 파내는 방법은 없었습니다.

현재 가족관계등록부는 개인별로 편제되어 있어 삭제가 불가능하므로 '호적에서 파낸다'는 표현은 더 이상 허용될 수 없습니다.

04 가족관계등록과 주민등록

주민등록제도

주민등록제도는 행정기관이 그 관할구역 내에 주소를 둔 주민을 등록하도록 함으로써 주민의 거주관계 등 이동 실태를 명확히 파악하여 행정의 능률적 처리를 도모하고 주민생활의 편익을 증진시키며 사회질서를 유지하는 것을 목적으로 합니다.

주민등록표는 개인별 및 세대별로 구분하여 작성합니다. 세대별 주민등록표는 예전 호적부처럼 세대주 아래 세대원이 기록되어 있습니다. 세대는 주거 및 생계를 같이 하는 집단으로, 세대원은 하숙생과 같이 친족관계가 없는 동거인도 포함하고 있습니다. 호주와 가족만을 기록하는 호적부, 본인과 배우자, 자녀만 기록하는 가족관계등록부와 차이가 있습니다.

주민등록제도와 주민등록번호의 연혁

1962. 5. 10. 제정된 초창기 주민등록제도는 신원 확인 기능보다 주로 주소지 증명 기능을 하였습니다.

주민등록제도가 큰 변화를 맞이한 것은 1968년입니다. 무장 간첩이 서울을 습격하는 등 시대상황 때문에 신원 확인 증명서가 필요하게 되었습니다. 그에 따라 주민등록법을 개정하여 등록된 주민에게 번호를 부여하여 각 개인이 국가가 부여한 하나의 번호를 가지게 되었습니다. 이 번호가 주민등록번호입니다. 주민등록번호는 1968년에는 생년월일 없이 지역표시번호와 개인표시번호를 부여하여 총 12자리로 구성되었으나, 1975. 9. 1.부터 현재와 같이 생년월일 6자리 및 개인표시번호 7자리를 사용하기 시작하였습니다.

주민등록번호

우리의 일상생활에 필수불가결한 주민등록번호는 주민등록제도에서 주민을 식별하고자 주민 개개인에게 숫자를 부여하여 표시한 것을 말합니다. 주민등록번호는 1인 1번호를 부여하게 되어 있으므로 똑같은 번호가 있을 수 없으며 타인이 이미 사용한 번호는 다시 사용할 수 없습니다.

개인마다 다른 주민등록번호를 가지고 있어 행정기관이 쉽게 개인의 신원을 확인할 수 있게 되어 빠르고 효율적으로 행정 처리를 할 수 있습니다.

주민등록번호 부여 절차

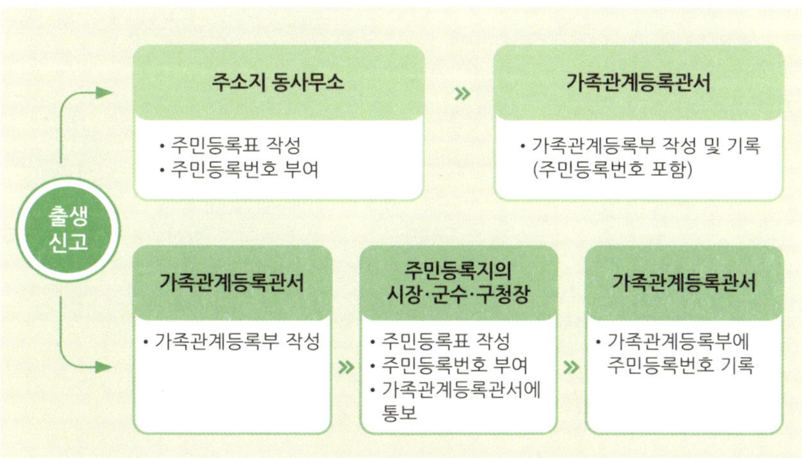

출생신고를 하면 주민등록 신고가 있는 것으로 간주되어 주민등록표가 작성되고 주민등록번호가 부여됩니다. 주민등록번호는 출생연월일 6자리와 성별, 지역, 주민등록순서, 검증 숫자를 표시한 뒷부분 7자리를 포함하여 13자리로 구성됩니다.

간혹 가족관계등록부와 주민등록표에 기재된 주민등록번호가 일치하지 않는 경우도 있습니다.

주민등록번호 앞 6자리는 '가족관계등록부'에 기록된 출생연월일에 따라 부여된 것이므로 출생연월일이 불일치할 경우 가족관계등록부를 기준으로 하여 '주민등록표'의 출생연월일을 정정하여야 합니다.

주민등록번호 뒷부분 7자리는 주민등록제도를 담당하는 기관에서 부여한 것이므로 불일치할 경우 주민등록표를 기준으로 가족관계등록부를 정정하여야 합니다.

출생연월일 불일치가 발생한 이유

주민등록번호 앞 6자리는 호적에 기재된 출생연월일을 토대로 부여되어야 합니다. 그러나 주민등록제도를 처음 시행할 당시에는 이에 관한 규정이 없었으므로 신고인이 출생연월일을 잘못 또는 허위로 신고하여도 검증절차 없이 신고한 출생연월일로 주민등록번호를 부여하였습니다. 이로 인해 호적과 주민등록번호의 출생연월일의 불일치가 발생하기도 하였습니다.

이러한 경우 가족관계등록부를 기준으로 주민등록번호 앞 6자리를 변경하여야 합니다.

이후 주민등록신고를 가족관계등록부(예전에는 호적)와 대조하여 차이가 없도록 하는 규정을 도입하였습니다.

주민등록 전입신고와 가족관계등록부의 관계

주민등록지와 등록기준지는 같은 장소라고 잘못 알고 있는 분들도 있습니다. 또한 주민등록 전입신고로 주소가 변경되면 가족관계등록부의 등록기준지도 변경되는 것으로 잘못 알고 있기도 합니다.

등록기준지는 출생 등의 사유로 가족관계등록부를 작성할 때 정하는 가족관계등록부의 기준이 되는 장소를 말합니다. 2008. 1. 1. 전 호적이 있던 사람들은 본적지를 등록기준지로 하였습니다. 반면 주민등록지는 현재 주민등록이 되어 있는 주소지입니다. 따라서 주민등록전입신고는 가족관계등록신고와 아무런 관계가 없습니다.

등록기준지는 출생신고 때에는 부모가 정하고 국적취득 등으로 가족관계등록부를 작성할 때에는 본인이 정합니다. 보통은 부의 등록기준지를 사용합니다. 특히 주민등록신고를 하지 않는 재외국민의 경우 주민등록번호가 부여되지 않으므로 증명서를 발급받기 위해서는 등록기준지를 알아야 합니다. 따라서 기억하기 쉬운 부의 등록기준지로 정하는 편이 좋습니다만 필수는 아닙니다.

등록기준지는 영구적인 것이 아니라 자유롭게 변경할 수 있습니다. 변경을 원한다면 새롭게 등록기준지로 하고자 하는 지역의 시청, 구청, 읍 또는 면사무소를 방문하여 신고하거나 인터넷 전자가족관계등록시스템을 이용하여 변경할 수 있습니다.

05 출생과 혼인 신고는 어디에서?

가족관계등록신고는 어디에서?

가족관계등록신고는 본인의 등록기준지 또는 신고인의 주소지나 현재지에서 할 수 있습니다. 신고 장소에 현재지도 포함되어 있으므로 신고인이 현재 있는 곳이라면 전국 어디에서나 가능합니다. 따라서 서울 서초구에 주소가 있는 사람도 제주도 신혼여행 중 서귀포시청에 혼인신고를 할 수 있고 직장이 있는 서울시 종로구청을 방문하여 혼인신고를 할 수도 있습니다.

가족관계등록신고 처리기관

출생·혼인·사망신고를 접수하여 수리하고 기록하는 곳을 등록관서라 합니다. 신고를 접수한 등록관서는 수리와 가족관계등록부에 기록도 합니다. 혼인신고를 서초구청에 신고하면 서초구청에서, 서귀포시청에 신고하면 서귀포시청에서 수리와 기록을 하므로 서귀포시청에서 한 혼인신고에 잘못된 기록이 있다면 서귀포시청으로 문의하여야 기록이 잘못된 원인을 쉽게 알 수 있습니다.

등록관서란?

가족관계등록신고는 시(구)·읍·면의 장이 처리합니다. 편의상 이러한 시(구)·읍·면의 장이 있는 행정기관을 등록관서라고 하겠습니다.

먼저 신고를 하고자 하는 지역에 읍·면사무소가 있다면 읍·면사무소가 등록관서입니다.

해당 지역에 읍·면사무소 대신에 동사무소가 있다면 동사무소보다 상위 행정기관이 등록관서입니다. 동사무소 ⇨ 구청 ⇨ 시청(서울특별시 서초구 서초동)인 경우는 동사무소의 상위 행정기관인 서초구청이 등록관서입니다. 동사무소 ⇨ 시청(파주시 운정동)의 경우는 동사무소의 상위행정기관인 파주시청이 등록관서입니다.

남양주시 화도읍은 화도읍사무소, 남양주시 호평동은 남양주시청, 고양시 일산서구 일산동의 경우 일산서구청이 등록관서입니다. 참고로 전국에 등록관서는 약 1,600여 개가 있습니다.

등록관서는 다음과 같습니다.

행정관서	등록관서
읍·면사무소 ⇨ 군청 읍·면사무소 ⇨ 시청	읍·면사무소
동사무소 ⇨ 구청 ⇨ 시청	구청
동사무소 ⇨ 시청	시청

따라서 군청·도청·광역시청·특별시청 등은 등록관서가 아니므로 이곳에서는 혼인신고를 접수하지 않습니다.

모든 등록관서에서 신고할 수 있습니다.

앞에서 본 바와 같이 남양주시 화도읍과 남양주시청은 각각 등록관서이면서 가족관계등록신고를 처리함에 있어 각각 독립된 기관으로 상하간의 지휘감독관계가 아닙니다. 남양주시 화도읍에 사는 사람은 혼인신고를 주소지인 화도읍사무소에 할 수 있지만 남양주시청을 방문하여 남양주시청을 현재지로 이곳에서도 혼인신고를 할 수 있습니다. 물론 서초구청이나 서귀포시청을 방문한다면 이곳을 현재지로 하여 혼인신고를 할 수 있음은 물론입니다.

다만 남양주시 호평동사무소는 등록관서가 아니므로 혼인신고를 접수하지 않습니다.

동사무소에서도 할 수 있는 신고는?

그러나 출생신고와 사망신고는 동사무소에서도 할 수 있습니다. 이는 국민의 편의를 위해 동사무소에 신고할 수 있도록 특별히 규정하였기 때문입니다.

다만 이때는 본인의 주민등록지 또는 주민등록을 할 지역과 같은 경우에만 가능하므로 전국의 동사무소가 아니라 주소지 동사무소를 방문하여야 합니다.

동사무소는 등록관서가 아니므로 출생과 사망신고를 직접 처리하는 것은 아니고 이를 접수하여 신고서류를 구청 등에 송부하고 출생과 사망기록은 구청 등에서 합니다.

인터넷 신고(신청)도 가능하나요?

① 출생신고, ② 등록기준지변경신고, ③ 가정법원에서 개명, 가족관계등록부 정정, 국적취득자의 성·본창설, 가족관계등록창설에 대한 허가 결정을 받은 경우에 하는 신고(신청)는 인터넷으로도 가능합니다.

인터넷 신고(신청) 방법은 전자가족관계등록시스템 홈페이지(efamily.scourt.go.kr)에 자세히 안내되어 있습니다.

가족관계등록에 있어 법원이 하는 역할은?

가족관계등록부의 기록 내용은 신분관계 및 상속관계에도 큰 영향을 미치므로 기록의 진실성을 담보하고 전국적으로 통일되게 사무를 처리하도록 엄격한 감독이 필요합니다. 따라서 이를 법원이 담당하고 있습니다.

등록관서에서 처리한 신고서류를 감독법원에 송부하면 감독법원은 신고를 제대로 기록하였는지 조사하고 잘못 기록한 것을 발견한 때에는 시정지시를 합니다.

따라서 가족관계등록에 관련된 신고와 관련하여 등록관서 공무원의 업무처리에 의문점이 있다면 등록관서 또는 감독법원에 문의할 수 있습니다.

06 독립유공자들의 가족관계등록부

독립유공자들이 무호적자가 된 이유

일제는 1912년 '조선민사령'을 제정하여 민적(民籍)에 호주와 가족사항을 신고하도록 하였습니다. 민적은 가족관계뿐만 아니라 주소를 파악하는 용도로도 사용되었습니다.

단재 신채호 선생을 비롯한 많은 항일 독립운동가들은 조선인을 등록하여 통제하려 한다는 반감과 독립운동가들의 가족관계가 일본 경찰에 알려질 우려에 이에 협조하지 않고 국외에서 독립활동을 이어갔습니다. 이들 중 광복 이후에도 무호적자가 된 독립운동가들은 가족관계등록부가 없는 상태로 남아 있었습니다.

단재 신채호 선생의 가족관계등록부

가족관계등록부는 출생신고로 만들어집니다. 출생신고를 할 사람이 없는 경우 가정법원의 허가로 가족관계등록부를 만들어야 합니다. 그러나 가정법원의 허가로 가족관계등록부를 만들기 위해서는 본인이 현재 생존하고 있어야 합니다.

따라서 무호적자가 된 사망한 독립유공자들의 가족관계등록부를 만들기 위해서는 특별한 법률이 필요하므로 「독립유공자예우에 관한 법률」을 개정하여, 국가보훈부장관의 신청과 서울가정법원의 허가로 이미 사망한 독립유공자도 가족관계등록부를 만들 수 있게 하였습니다.

결국 2009년 단재 신채호 선생 등 독립유공자 62명의 가족관계등록부가 만들어졌습니다.

윤동주 시인의 가족관계등록부

추가로 2022년도에는 윤동주 시인 등 독립유공자 156명의 가족관계등록부도 만들어지게 되었습니다.

이들 독립유공자 156명에는 윤동주 시인, 일제의 침략을 적극 옹호한 미국인 스티븐스를 처단한 장인환 의사, 봉오동전투·청산리 대첩 승리의 주역 홍범도 장군 등이 포함되어 있습니다.

이들은 일제강점기 1912년 조선민사령 제정 이전 국외로 이주하는 등 독립운동을 하다 1945년 광복이전에 사망하여 대한민국의 공적 서류상 적(籍)을 한 번도 갖지 못하였습니다.

이제 가족관계등록부를 통해 공적으로 이들의 신분을 증명할 수 있게 되었습니다.

윤동주 시인의 등록기준지

독립유공자 156명의 등록기준지를 우리 민족의 독립정신과 겨레의 얼이 숨 쉬는 독립기념관(충청남도 천안시 동남구 목천읍 독립기념관로 1)으로 정하여 더욱 의미가 있도록 하였습니다.

윤동주 시인, 이제는 완전한 대한국인(大韓國人)입니다.

조선인을 부친으로 하여 출생한 자는 제헌헌법의 공포와 동시에 대한민국 국적을 취득하므로 이들 독립유공자가 대한민국 국민이라는 사실에는 의심의 여지는 없으나 그동안 공적인 서류는 없었습니다.

우리나라는 국적의 보유 사실을 증명하는 별도의 공적 장부가 존재하고 있지 않습니다. 그러나 가족관계등록부가 있는 사람은 우리나라 국민이라는 추정을 받으므로 가족관계등록부는 우리나라 국적을 보유하고 있다는 사실을 증명합니다.

이제 가족관계등록부를 가지게 된 독립유공자는 공적으로 대한민국 국민임을 증명할 수 있게 되었습니다.

따라서 윤동주 시인, 이제는 완전한 대한국인(大韓國人)입니다.

독립유공자들! 국가가 끝까지 책임지겠습니다.

일제 강점기 단재 신채호 선생의 유해가 고국에 돌아왔을 때도 공적 기록이 없어 매장허가를 받을 수 없었습니다. 간도에서 출생한 윤동주 시인은 우리나라의 공적 기록이 없다며 중국에서는 중국조선족애국시인으로 소개하고 있습니다.

이제 우리나라의 독립을 위해 헌신하셨던 분들에 대해 법률상으로 대한민국 국민이라는 것을 명확히 하고 후손들도 공적 장부로 이러한 내용을 입증할 수 있게 되었습니다. 이는 독립운동가들을 국가가 끝까지 책임진다는 상징적 조치입니다.

*국가보훈부 보도자료를 인용하였습니다

제 2 장

가족관계등록부와 등록사항별 증명서

01 가족관계등록부와 등록사항별 증명서

가족관계등록부란?

출생과 혼인, 사망을 기록하고 증명합니다.

우리는 일상생활에서 부동산 등기사항증명서, 주민등록표등본, 생활기록부 등 수많은 기록을 마주하게 됩니다. 이러한 기록들은 특정한 사실을 알려주기도 하고 증명해주기도 합니다.

그 중 가족관계등록부는 출생과 혼인 그리고 사망 등을 기록하고 증명합니다.

사람의 일생과 함께 합니다.

사람이 태어나면 출생사실을 기록하기 위해 가족관계등록부가 만들어집니다. 이후 혼인을 하면 배우자 정보를 기록하고, 가족이 태어나거나 사망하면 그 사실들을 기록합니다. 사람이 사망하면 더 이상 기록행위를 중단하고 폐쇄되지만 영구 보존되는 가족관계등록부는 당신이 존재한 사실을 계속해서 증명할 것입니다.

이처럼 가족관계등록부는 사람의 출생으로 만들어져서 사람의 사망으로 폐쇄하므로 사람의 일생과 함께 한다고 할 수 있습니다.

신분정보의 집합체입니다.

출생과 혼인 그리고 사망 등에 따라 가족관계가 발생하고 변동합니다. 가족관계등록부는 이러한 가족관계의 발생 및 변동을 기록한 것을 말합니다.

가족관계의 발생 및 변동의 기록은 종이와 같은 원부에 하는 것이 아니라 전산정보로 저장합니다.

결국 가족관계등록부란 가족관계의 발생 및 변동에 관한 전산정보를 개인별로 구분하여 작성한 전산 데이터의 조합이라고 할 수 있으며 이러한 전산정보는 어떤 형식을 갖추어 존재하는 것은 아닙니다.

등록사항별 증명서란?

가족관계등록부에 있는 가족관계의 발생 및 변동에 관한 전산정보를 필요에 따라 제공하여 사용할 수 있도록 하여야 하는데 이를 '등록사항별 증명서(다음부터 '증명서'라고 하겠습니다)'라고 합니다.

증명서는 ① 기본증명서, ② 가족관계증명서, ③ 혼인관계증명서, ④ 입양관계증명서, ⑤ 친양자입양관계증명서가 있습니다.

증명서를 구분하여 발급하는 이유는?

호적은 하나의 등본으로 가족의 모든 신분사항을 볼 수 있어 개인정보 보호에 취약하다는 비판이 있었습니다. 따라서 가족관계등록제도에서는 증명하는 목적별로 세분하여 필요한 정보만을 제공합니다. 증명서를 5개로 구분하고 있어 불편해 보일 수 있지만 이는 필요한 정보 이외 다른 내용은 공개되지 않도록 하여 개인정보를 보호하고자 하는 취지입니다. 이를 도표로 표시하면 다음과 같습니다.

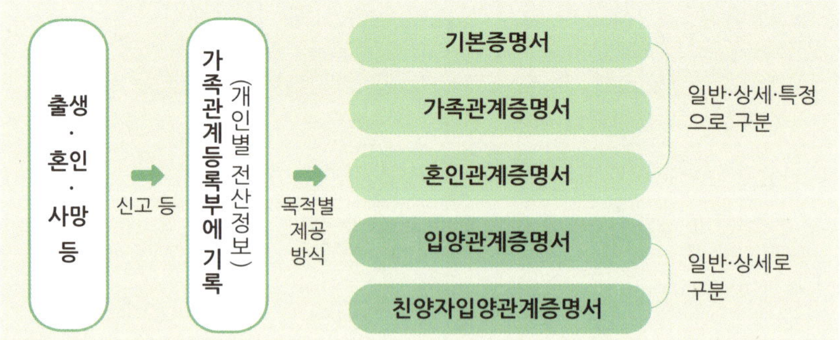

가족관계의 발생 및 변동에 관한 유일한 공적 기록입니다.

가족관계등록부에 가족관계의 발생 및 변동을 기록하고, 등록사항별 증명서를 통해 내가 누구인지(기본증명서), 나의 가족은(가족관계증명서), 배우자는(혼인관계증명서), 양자와 친양자는(입양관계증명서, 친양자입양관계증명서) 누구인지를 증명합니다.

일상생활에서 가족관계 등을 증명할 필요가 있을 때 해당 증명서를 제출합니다.

특히 상속, 이혼 등 가족들 사이의 문제를 법적으로 해결할 일이 발생하면 가족관계 등을 제3자에게 증명할 필요가 생기는데 이러한 증명은 가족관계등록부를 통해서만 가능합니다.

이는 가족관계등록부가 출생과 혼인 그리고 사망한 사실을 증명하는 유일한 공적 기록이기 때문입니다.

잘못 기록되었다면?

가족관계등록부는 가족관계를 증명하는 유일한 공적 기록임에도 여러 원인으로 잘못 기록된 경우도 있습니다. 가족관계등록부에 잘못된 내용이 있다면 일상생활에서 가족관계의 증명이 필요한 경우 곤란할 것이며 상속, 이혼 등 법적 문제를 해결할 수 없게 됩니다.

따라서 가족관계등록부에 관한 전반적인 이해가 필요할 뿐만 아니라, 만일 가족관계등록부에 기록이 잘못되었다면 이를 정정하는 방법도 알아둘 필요가 있습니다.

02 등록사항별 증명서 종류와 양식

등록사항별 증명서의 종류

등록사항별 증명서의 종류

증명서는 가족관계등록의 기록사항 중 해당 전산정보를 일정한 서식에 따라 발급하며 2016. 11. 30.부터 ① 기본증명서, ② 가족관계증명서, ③ 혼인관계증명서는 일반·상세·특정증명서로 구분하고, ④ 입양관계증명서, ⑤ 친양자입양관계증명서는 일반·상세증명서로 구분하여 발급하고 있습니다.

일반·상세·특정증명서

- 일반증명서는 현재의 신분관계 등 필수적인 정보만이 기재됩니다.
- 상세증명서는 과거의 신분관계 등 전체의 정보가 기재됩니다.
- 특정증명서는 신청인이 선택한 사항만 기재됩니다.
- 대표로 가족관계증명서를 살펴보도록 하겠습니다.

일반증명서는 본인, 부모, 배우자, 생존한 현재의 혼인 중의 자녀가 기재되고, 상세증명서는 사망한 자녀, 전혼 중에 출생한 자녀를 추가하여 모든 자녀가 기재됩니다.

특정증명서는 부모, 배우자, 자녀 중 신청인이 선택한 사람을 기재하여 발급합니다.

따라서 부모가 이혼한 경우 자녀가 기재된 가족관계증명서를 발급받기 위해서는 상세증명서를 발급받아야 합니다.

이렇게 구분하는 이유

증명서를 일반·상세·특정으로 구분하는 이유는 불필요한 개인정보의 노출을 줄이기 위함입니다. 따라서 증명서 제출을 요구할 때 우선 일반증명서 또는 특정증명서를 요구하여야 하며 상세증명서를 요구하는 경우에는 그 이유를 설명하여야 합니다. 또한 제출받은 증명서를 사용목적 외의 용도로 사용할 수 없습니다.

기본증명서

기본증명서는?

사람이 태어나면 출생신고를 통해 그 사람의 정보가 공적 장부에 기록되는데 이 공적 장부를 가족관계등록부라고 합니다. 가족관계등록부 기록 중 그 사람의 가장 기본적인 내용인 '성명'과 '출생연월일' 등을 증명하는 것이 '기본증명서'입니다. 모든 공적인 기록에 기재되는 '성명'과 '출생연월일'은 이 기본증명서에서부터 출발합니다.

기본증명서 이외 증명서(가족관계, 혼인관계, 입양관계, 친양자입양관계)는 나와 가족관계 등을 증명합니다.

⇨ 다음 장 기본증명서(일반, 상세, 특정)를 참조하여 주시기 바랍니다.

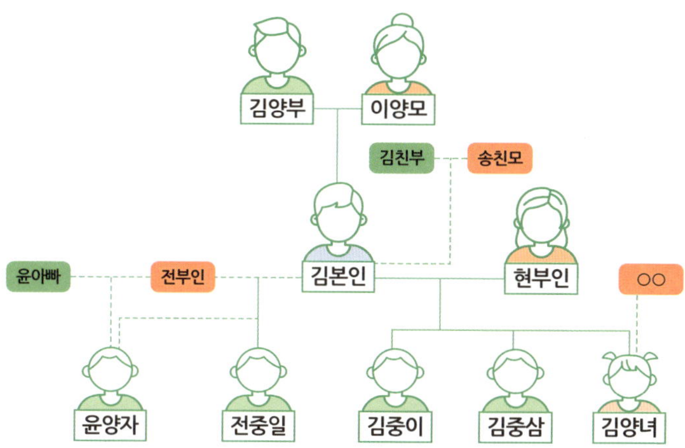

기본증명서(일반)

기본증명서(일반)

등록기준지	서울특별시 서초구 서초대로 219

구분	상 세 내 용
작성	[가족관계등록부작성일] 2019년 01월 31일

구분	성 명	출생연월일	주민등록번호	성별	본
본인	전중일(全中一)	2019년 01월 01일	190101-32345○○	남	◇◇

일반등록사항

구분	상 세 내 용
출생	[출생장소] 제주특별자치도 제주시 남광북5길 3 [신고일] 2019년 01월 31일 [신고인] 부 [처리관서] 제주특별자치도 제주시

위 기본증명서(일반)는 가족관계등록부의 기록사항과 틀림없음을 증명합니다.

○○○○년 ○○월 ○○일

○○시(읍·면)장 ○ ○ ○ [직인]

※ 위 증명서는 「가족관계의 등록 등에 관한 법률」 제15조제2항에 따른 등록사항을 현출한 일반증명서입니다.

〈기본증명서(일반)〉
일반증명서의 일반등록사항란에는 본인의 출생, 사망, 국적상실에 관한 사항만 현출됩니다.

일반등록사항란 위로 본인의 신상정보인 등록기준지, 성명, 성별, 본 출생연월일 및 주민등록번호가 기재됩니다.

기본증명서(상세)

기본증명서(상세)

등록기준지	서울특별시 서초구 서초대로 219

구분	상 세 내 용
작성	[가족관계등록부작성일] 2019년 01월 31일
변경	[등록기준지변경신고일] 2025년 03월 14일 [전등록기준지] 서울특별시 종로구 청와대로 1 [신고인] 전부인 [처리관서] 서울특별시 서초구

구분	성 명	출생연월일	주민등록번호	성별	본
본인	전중일(全中一)	2019년 01월 01일	190101-32345○○	남	◇◇

일반등록사항

구분	상 세 내 용
출생	[출생장소] 제주특별자치도 제주시 남광북5길 3 [신고일] 2019년 01월 31일 [신고인] 부 [처리관서] 제주특별자치도 제주시
친권	[친권자지정협의일] 2021년 11월 10일 [친권자지정효력발생일] 2021년 12월 20일 [친권자 모] 전부인 [신고일] 2021년 12월 20일 [신고인] 부모 [처리관서] 서울특별시 서초구
성·본 변경	[성·본변경심판일] 2025년 07월 30일 [심판법원] ○○가정법원 [신고일] 2025년 07월 31일 [신고인] 전부인 [변경전 성·본] 성"김(金)", 본"○○" [변경후 성·본] 성"전(全)", 본"◇◇" [처리관서] 제주특별자치도 제주시

위 기본증명서(상세)는 가족관계등록부의 기록사항과 틀림없음을 증명합니다.

○○○○년 ○○월 ○○일

○○시(읍·면)장 ○ ○ ○ 직인

※ 위 증명서는 「가족관계의 등록 등에 관한 법률」 제15조제3항에 따른 등록사항을 현출한 상세증명서입니다.

〈기본증명서(상세)〉

상세증명서는 일반증명서에서 표시되지 않는 정정사항도 현출됩니다.

상세증명서의 일반등록사항란에는 국적취득 및 회복, 친권, 개명 등 모든 사항이 현출됩니다.

기본증명서(특정-개명·성본변경)

기본증명서(특정-개명·성본변경)

구분	성 명	출생연월일	주민등록번호	성별	본
본인	전중일(全中一)	2019년 01월 01일	190101-32345○○	남	◇◇

일반등록사항

구분	상 세 내 용
성·본변경	[성·본변경심판일] 2025년 07월 30일 [심판법원] ○○가정법원 [신고일] 2025년 07월 31일 [신고인] 전부인 [변경전 성·본] 성"김(金)", 본"○○" [변경후 성·본] 성"전(全)", 본"◇◇" [처리관서] 제주특별자치도 제주시

위 기본증명서(특정-개명·성본변경)는 가족관계등록부의 기록사항과
틀림없음을 증명합니다.

○○○○년 ○○월 ○○일

○○시(읍·면)장 ○ ○ ○ 직인

※ 위 증명서는 「가족관계의 등록 등에 관한 법률」 제15조제4항에 따른 등록사항을 현출한 특정증명서입니다.

〈기본증명서(특정)〉

기본증명서의 특정증명서는 본인을 특정할 수 있는 성명, 성별, 출생연월일 및 주민등록번호 외에 나머지 기록의 현출여부를 선택할 수 있습니다.

〈선택할 수 있는 사항〉

① 출생, 사망과 실종
② 인지와 친생자관계 정정
③ 친권과 미성년후견
④ 개명과 성본변경
⑤ 국적의 취득과 상실
⑥ 성별 등의 정정
⑦ 본인의 등록기준지
⑧ 본인의 본

가족관계증명서

가족관계증명서

가족관계증명서는 부모, 배우자, 자녀가 기재됩니다.

가족관계증명서는 부모, 배우자, 자녀의 전산정보 중 가족관계증명서에서 정한 양식에 따라 ① 본인의 등록기준지, 본인의 특정등록사항(성명·출생연월일·주민등록번호·성별·본), ② 부모, ③ 배우자, ④ 자녀의 특정등록사항이 기재되어 발급됩니다.

부모, 배우자, 자녀만 가족?

민법에 따르면 할아버지, 할머니, 형제자매도 가족이지만 가족관계증명서에 기재되지 않습니다. 이는 개인별로 가족관계등록부를 만들고 가족은 전산정보로 연결되는 형태를 취하였는데 모든 가족을 전산정보로 연결하기에는 가족이 방대하고, 개인정보 보호를 위해 필요한 최소한의 가족만을 연결하였기 때문입니다.

따라서 할아버지, 할머니, 형제자매를 증명하기 위해서는 추가로 아버지의 가족관계증명서를 발급받아야 합니다.

가족관계증명서가 발급되는 구조

만약 부 또는 모가 사망한다면 사망사실은 부 또는 모의 가족관계등록부에만 기록하지만 연결된 전산정보를 통해 나의 가족관계증명서에 부 또는 모의 사망 사실이 자동으로 표시됩니다.

예시의 가족관계증명서에 사망으로 표시된 김양부(金養父)와 김중삼(金中三)은 사망사실을 각각 김양부(金養父)와 김중삼(金中三)의 가족관계등록부에 기록하지만 연결된 전산정보를 통해 김본인(金本人)의 가족관계증명서에 자동으로 표시됩니다.

⇨ 다음 장 가족관계증명서(일반, 상세)를 참조하여 주시기 바랍니다.

가족관계증명서(일반)

가족관계증명서(일반)

등록기준지	서울특별시 영등포구 의사당로 1

구분	성 명	출생연월일	주민등록번호	성별	본
본인	김본인(金本人)	1990년 01월 01일	900101-12345○○	남	○○

가족사항

구분	성 명	출생연월일	주민등록번호	성별	본
부	김양부(金養父) 사망	1963년 01월 01일	630101-12345○○	남	△△
모	이양모(李養母)	1964년 01월 01일	640101-23456○○	여	□□
배우자	현부인(玄婦人)	1991년 01월 01일	910101-23456○○	여	▽▽
자녀	김중이(金中二)	2023년 05월 01일	230501-33456○○	남	○○
자녀	김양녀(金養女)	2025년 01월 01일	250101-43456○○	여	○○

위 가족관계증명서(일반)는 가족관계등록부의 기록사항과 틀림없음을 증명합니다.

○○○○년 ○○월 ○○일

○○시(읍·면)장 ○ ○ ○ 직인

※ 위 증명서는 「가족관계의 등록 등에 관한 법률」 제15조제2항에 따른 등록사항을 현출한 일반증명서입니다.

〈가족관계증명서(일반)〉
가족사항에 부모(입양의 경우 양부모), 배우자, 자녀의 성명, 출생연월일, 주민등록번호, 성별, 본이 기재됩니다.

〈일반증명서에 기재되는 자녀〉
모든 자녀가 아니라 **생존한 현재의 혼인 중의 자녀**만 기재됩니다.

〈가족관계증명서(특정)〉
부모, 배우자 및 자녀 중 **신청인이 선택한 사람**의 성명, 성별, 출생연월일 및 주민등록번호가 현출됩니다.

가족관계증명서(상세)

가족관계증명서(상세)

등록기준지	서울특별시 영등포구 의사당로 1

구분	성 명	출생연월일	주민등록번호	성별	본
본인	김본인(金本人)	1990년 01월 01일	900101-1234500	남	○○

가족사항

구분	성 명	출생연월일	주민등록번호	성별	본
부	김양부(金養父) 사망	1963년 01월 01일	630101-1234500	남	△△
모	이양모(李養母)	1964년 01월 01일	640101-2345600	여	□□
배우자	현부인(玄婦人)	1991년 01월 01일	910101-2345600	여	▽▽
자녀	전중일(全中一)	2019년 01월 01일	190101-3234500	남	◇◇
자녀	김중이(金中二)	2023년 05월 01일	230501-3345600	남	○○
자녀	김중삼(金中三) 사망	2024년 10월 01일	241001-3234500	남	○○
자녀	김양녀(金養女)	2025년 01월 01일	250101-4345600	여	○○

위 가족관계증명서(상세)는 가족관계등록부의 기록사항과 틀림없음을 증명합니다.

○○○○년 ○○월 ○○일

○○시(읍·면)장 ○ ○ ○ 직인

※ 위 증명서는 「가족관계의 등록 등에 관한 법률」 제15조제3항에 따른 등록사항을 현출한 상세증명서입니다.

〈가족관계증명서(상세)〉

전중일은 전혼 관계에서 태어난 자녀이고 김중삼은 사망하였으므로 가족관계증명서(일반)에 기재되지 않습니다.

〈상세증명서에 기재되는 자녀〉

사망한 자녀, 전혼 중에 태어난 자녀 등 모든 자녀가 기재됩니다.

혼인관계증명서

혼인관계증명서

혼인관계증명서의 일반증명서는 ① 본인의 등록기준지, 본인의 특정등록사항(성명·출생연월일·주민등록번호·성별·본), ② 배우자의 특정등록사항, ③ 현재의 혼인에 관한 사항이 기재됩니다.

상세증명서는 일반증명서에 혼인 및 이혼에 관한 사항을 추가한 것입니다.

배우자의 사망, 국적상실, 실종선고, 부재선고로 배우자의 가족관계등록부가 폐쇄되더라도 이러한 사유들은 친족관계를 종료시키는 것은 아닙니다. 따라서 나의 혼인관계증명서 등의 배우자란은 사망 등 사유를 표시하여 발급합니다.

그러나 배우자는 현재 유효한 혼인관계에 있는 배우자가 기재되므로 이혼하거나 혼인무효·취소된 경우 나의 혼인관계증명서 등의 배우자란은 공란으로 표시되고, 이혼한 사실 등은 일반등록사항란에 표시됩니다.

⇨ 혼인관계증명서(상세)의 '전부인'의 경우

혼인관계증명서(상세)

혼인관계증명서(상세)

등록기준지	서울특별시 영등포구 의사당로 1				
구분	성 명	출생연월일	주민등록번호	성별	본
본인	김본인(金本人)	1990년 01월 01일	900101-12345○○	남	○○

혼인사항

구분	성 명	출생연월일	주민등록번호	성별	본
배우자	현부인(玄婦人)	1991년 01월 01일	910101-23456○○	여	▽▽

구분	상 세 내 용
혼인	[신고일] 2018년 03월 20일 [배우자] 전부인 [배우자의 주민등록번호] 890101-23456○○ [처리관서] 서울특별시 서초구
이혼	[협의이혼사건번호] ○○가정법원 2021호협○○ [협의이혼신고일] 2021년 12월 20일 [배우자] 전부인 [배우자의 주민등록번호] 890101-23456○○ [처리관서] 서울특별시 서초구
혼인	[신고일] 2023년 03월 02일 [배우자] 현부인 [배우자의 주민등록번호] 910101-23456○○ [처리관서] 서울특별시 서초구

위 혼인관계증명서(상세)는 가족관계등록부의 기록사항과 틀림없음을 증명합니다.

○○○○년 ○○월 ○○일

○○시(읍·면)장 ○ ○ ○ 직인

※ 위 증명서는 「가족관계의 등록 등에 관한 법률」 제15조제3항에 따른 등록사항을 현출한 상세증명서입니다.

〈혼인관계증명서(일반)〉

현재 유효한 혼인사항만 기재됩니다.

〈혼인관계증명서(상세)〉

현재 법률상 배우자의 성명, 출생연월일, 주민등록번호, 성별, 본과 본인의 혼인 및 이혼에 관한 사항이 기재됩니다.

〈혼인관계증명서(특정)〉

신청인이 선택한 과거의 배우자 한 사람과의 혼인에 관한 사항을 현출하고, 현재의 혼인에 관한 사항은 현출하지 않습니다.

입양관계증명서 등

입양관계증명서(상세)

입양관계증명서(상세)

등록기준지	서울특별시 영등포구 의사당로 1

구분	성 명	출생연월일	주민등록번호	성별	본
본인	김본인(金本人)	1990년 01월 01일	900101-12345○○	남	○○

입양사항

구분	성 명	출생연월일	주민등록번호	성별	본
친생부	김친부(金親父)	1960년 01월 01일	600101-12345○○	남	○○
친생모	송친모(松親母) 사망	1961년 01월 01일	610101-23456○○	여	■■
양부	김양부(金養父) 사망	1963년 01월 01일	630101-12345○○	남	△△
양모	이양모(李養母)	1964년 01월 01일	640101-23456○○	여	□□

구분	상 세 내 용
입양	[신고일] 1992년 01월 02일 [양부] 김양부 [양모] 이양모
입양	[입양허가심판확정일] 2018년 05월 20일 [심판법원] ○○가정법원 [양자] 윤양자 [양자의 주민등록번호] 150101-32345○○ [신고일] 2018년 05월 28일 [신고인] 김본인 [처리관서] 서울특별시 서초구

파양	[파양판결확정일] 2022년 03월 20일 [판결법원] ○○가정법원 [양자] 윤양자 [양자의 주민등록번호] 140101-43456○○ [신고일] 2022년 04월 11일 [신고인] 김본인 [처리관서] 서울특별시 서초구

위 입양관계증명서(상세)는 가족관계등록부의 기록사항과 틀림없음을 증명합니다.
단, 친양자입양관계는 친양자입양관계증명서에만 표시합니다.

○○○○년 ○○월 ○○일

○○시(읍·면)장 ○ ○ ○ 직인

※ 위 증명서는 「가족관계의 등록 등에 관한 법률」 제15조제3항에 따른 등록사항을 현출한 상세증명서입니다.

〈입양관계증명서(일반)〉

친생부모,양부모 또는 양자의 성명, 출생연월일, 주민등록번호, 성별 및 본과 현재 입양에 관한 사항 기재합니다.

〈입양관계증명서(상세)〉

입양관계증명서(일반) 내용에 입양 및 파양에 관한 사항을 추가하여 기재합니다.

입양관계증명서와 친양자입양관계증명서는 특정증명서가 없습니다.

친양자입양관계증명서(상세)

친양자입양관계증명서(상세)

등록기준지	서울특별시 영등포구 의사당로 1

구분	성 명	출생연월일	주민등록번호	성별	본
본인	김본인(金本人)	1990년 01월 01일	900101-12345○○	남	○○

친양자입양사항

구분	성 명	출생연월일	주민등록번호	성별	본
친양자	김양녀(金養女)	2025년 01월 01일	250101-43456○○	여	○○

구분	상 세 내 용
친양자입양	[국내입양에관한특별법에따른입양재판확정일] 2025년 10월 12일 [심판법원] ○○가정법원 [친양자] 김양녀 [친양자의 주민등록번호] 250101-43456○○ [신고일] 2025년 10월 13일 [신고인] 김본인 [처리관서] 서울특별시 서초구

위 친양자입양관계증명서(상세)는 가족관계등록부의 기록사항과 틀림없음을 증명합니다.

○○○○년 ○○월 ○○일

○○시(읍·면)장 ○ ○ ○ 직인

※ 위 증명서는 「가족관계의 등록 등에 관한 법률」 제15조제3항에 따른 등록사항을 현출한 상세증명서입니다.

친양자입양관계증명서(상세)는 본인의 친양자입양재판에 따른 입양 등(국내입양에 관한 특별법 및 국제입양에 관한 법률에 따른 입양) 및 그에 관한 파양 사항이 기재됩니다.

영문증명서

CERTIFICATE OF FAMILY RELATIONS

Information of the Person Concered

Surname	GO	Given name	GILDONG
Gender	MALE	Date of birth	1995-11-05
Korean ID No.	951105-1234573		
Place of birth	Seoul(KOREA)		

Information of Parents

Surname of father	GO	Given name of father	HUIDONG
Gender	MALE	Date of birth	1973-02-03
Korean ID No.	951105-1234573		
Surname of mother	BAK	Given name of mother	DURI
Gender	FEMALE	Date of birth	1975-01-01
Korean ID No.	-		
Nationality	CHINA	Alien Reg. No.	750101-6345677

Information of Spouse

Surname	LEE	Given name of spouse	GONGSIL
Gender	FEMALE	Date of birth	1996-03-01
Korean ID No.	960301-2344591	Date of marriage	2019-04-03

This certifies that the above information accurately reflects the contents of the Family Relation Register of the person concerned, pursuant to Article 15 of the Act on Registration of Family Relations.

○○○○-○○-○○

○○○, Head of ○○-Si(Eup·Myeon) official seal

※ Names on this certificate shall be the exact names as they appear on his/her passport. In the absence of passport, names shall be written according to the Romanization of Korean.

Applicant GO GILDONG
Issuannce NO. 1193-2912-0840-0815
Certificate authenticity can be verified via the Eletronic Family Registration System(http://efamily.scourt.go.kr) within 3months form the date of issue.

영문증명서는 기존의 가족관계등록사항별 증명서를 번역한 것이 아닌 외국의 기관에서 가장 많이 요구하는 대한민국 국민의 신분정보를 영문으로 증명하기 위한 증명서입니다.

본인을 기준으로 부모, 배우자를 기재하고 자녀에 관한 사항은 현출하지 않습니다. 자녀가 자녀 본인의 영문증명서를 발급받으면 부모가 현출되므로 이를 통해 부모, 자녀 상호간 가족관계를 증명할 수 있습니다.

03 증명서 발급받는 방법

증명서는 어떻게 발급받나요?

직접 방문하거나 우편, 인터넷, 무인증명서발급기를 통해 발급받을 수 있습니다.

방문해서 발급받는 방법

시(구)청, 읍·면·동사무소를 방문하여 발급받을 수 있습니다.

방문하면 부모, 자녀 등 직계혈족, 배우자의 증명서도 발급받을 수 있습니다.

우편으로 발급받는 방법

국내 거주 여부나 국적 보유와 관계없이 정당한 청구권자는 등록사항별 증명서를 우편으로 청구할 수 있습니다. 다만 외국인은 영문증명서를 우편으로 청구할 수 없습니다.

우편으로 등록사항별 증명서의 송부를 청구하는 경우에는, 신청서에 정해진 사항을 기재하고 법률상 정당한 청구권자의 신분증명서 사본을 첨부하여 신청이 가능합니다. 다만 다른 청구와 다른 점은 대상자의 주민등록번호로 교부 청구할 수 없고 반드시 등록기준지를 기재하여야 합니다.

시(구)·읍·면의 장은 신청서와 첨부서류를 조사하여 부당한 목적으로 청구하거나 등록기준지가 기재되어 있지 않는 등 발급 거부사유가 있다면 신청서에 발급거부사유를 기재하여 반송합니다.

인터넷에서 발급받는 방법

대법원 전자가족관계등록시스템 홈페이지(efamily.scourt.go.kr)에서 본인확인절차(각종 인증) 등을 거쳐 필요한 증명서를 발급 받을 수 있습니다. 휴대전화로 홈페이지에 접속한 경우에도 마찬가지입니다.

인터넷 발급은 성명과 주민등록번호를 입력하고, 인증서를 통하여 본인확인절차를 거쳐야 합니다.

인터넷 발급은 집이나 사무실 등에서 편리하게 발급받을 수 있고, 수수료는 무료라는 장점이 있습니다. 그러나 본인, 배우자, 부모, 자녀의 증명서만 발급 가능하므로 할아버지나 손녀의 증명서는 방문하여 발급받아야 합니다.

인터넷 발급이 가능한 전자가족관계등록시스템 홈페이지

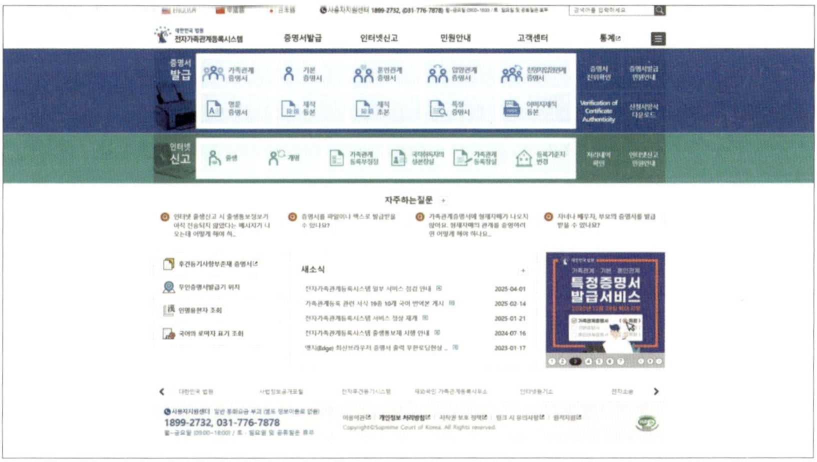

무인증명서발급기에서 발급받는 방법

가까운 곳에 시(구)청이나 읍·면·동사무소가 없거나 프린터가 없어 인터넷 발급 시 증명서를 출력할 수 없을 때에는 인근에 있는 무인증명서발급기에서 발급받을 수 있습니다.

무인증명서발급기는 주로 관공서에 위치하고 있으나, 지하철, 병원,

공항 등 민원인 왕래가 빈번한 곳에서도 설치되어 있습니다. 위치정보는 전자가족관계등록시스템 홈페이지의 '무인증명서발급기 위치'에서 조회·검색할 수 있습니다.

다만 무인증명서발급기는 각 지자체 사정에 따라 다르게 운영되므로 사전에 위치나 운영시간을 확인하는 것이 필요합니다.

무인증명서발급기는 본인의 지문을 지문인식기에 확인하는 방식으로 본인의 증명서만 발급받을 수 있으며 친양자입양관계증명서나 영문 증명서는 발급받을 수 없습니다.

추가로 외국에서 발급받는 방법

외국에서도 인터넷 발급이 가능합니다. 다만 인증절차와 같은 본인확인에 필요한 절차를 이행할 수 있어야 합니다. 이외에도 재외공관에 무인증명서발급기가 설치되어 있다면 본인지문을 통해 증명서 발급이 가능합니다.

인증서가 없어 인증절차를 수행하지 못하거나 본인지문정보(행전안전부에서 보유·관리)가 없는 경우 재외공관을 방문하면 증명서를 발급받을 수 있습니다.

재외공관 방문을 통한 각종 민원 신청은 '재외동포365 민원포털(https://www.g4k.go.kr)'에서 안내 중입니다.

증명서 발급 수수료입니다.

인터넷 발급은 무료입니다. 그러나 시(구)청, 읍·면·동사무소에 방문하여 발급받을 경우 1,000원, 무인증명서발급기 발급은 500원입니다. 물론 국가유공자 등과 같이 규칙에서 증명서 수수료 면제를 규정한 경우에는 모두 무료입니다.

증명서 발급 방법은 다음과 같습니다.

<table>
<tr><th colspan="2">신청방법</th><th>방문</th><th>우편</th><th>인터넷
(전자가족관계등록시스템)</th><th>무인증명서
발급기</th></tr>
<tr><td rowspan="5">신청
자격</td><td>기본증명서</td><td rowspan="4">본인, 배우자,
직계혈족 및
그 대리인 등</td><td rowspan="4">본인, 배우자,
직계혈족 등</td><td rowspan="4">본인, 부모,
배우자, 자녀</td><td rowspan="4">본인</td></tr>
<tr><td>가족관계증명서</td></tr>
<tr><td>혼인관계증명서</td></tr>
<tr><td>입양관계증명서</td></tr>
<tr><td>친양자입양관계
증명서</td><td>성년자가 본인
증명서 신청 등
다양한 사유</td><td>성년자가 본인
증명서 신청 등
다양한 사유</td><td>성년자가 본인
증명서 신청</td><td>발급불가</td></tr>
<tr><td colspan="2">수수료</td><td>1,000원</td><td>1,000원</td><td>무료</td><td>500원</td></tr>
<tr><td colspan="2">이용시간</td><td>평일
9:00~18:00</td><td>-</td><td>365일 24시간</td><td>발급기마다
다름</td></tr>
<tr><td colspan="2">필요사항</td><td>신분증명서,
신청서,
(위임한 사람의
신분증명서)</td><td>신분증명서사본,
신청서
(등록기준지
기재 필요)</td><td>인증서</td><td>지문</td></tr>
</table>

04 누구의 증명서를 발급받을 수 있는지?

배우자 및 직계혈족의 증명서는 모두 가능

나의 증명서뿐만 아니라 배우자 및 부모, 자식, 할아버지나 할머니, 손자손녀 등 직계혈족의 증명서는 종류와 상관없이 모두 발급받을 수 있습니다. 다만 친양자입양관계증명서는 특별한 경우에만 발급이 가능합니다.

그러나 형제자매의 증명서는?

형제자매란 어떤 의미일까요? 한 핏줄을 타고난 더없이 소중한 존재일 수도 있고, 혹은 그저 '엄마아빠 아들' 내지 '엄마아빠 딸'일 뿐인 남남 같은 사이일 수도 있을 것입니다.

누구에게는 가깝고, 누구에게는 아주 먼 형제자매 사이를 가족관계등록제도에서는 어떻게 보고 있을까요? 서로의 증명서를 자유롭게 발급받을 수 있을까요?

예전에는 형제자매도 가능하였습니다.

예전에는 형제자매의 증명서도 자유롭게 발급받을 수 있었습니다. 형제자매는 한 핏줄을 타고 난 가족인 만큼 서로 신뢰할 수 있고 유대가 두터운 경우가 많습니다. 그렇다 보니 형제자매의 부탁으로 증명서를 대신 발급받아 주어야 하는 상황이 생기면 간편하게 업무를 처리할 수 있도록 한 것입니다. 또 상속 등이 발생하여 형제자매 관계를 증명할 필요가 있을 때 증명서를 쉽게 발급받을 수 있도록 하는 것은 당연하다고 생각하였을 것입니다.

정말 형제자매를 신뢰할 수 있나요?

헌법재판소는 형제자매의 증명서를 자유롭게 발급받을 수 있도록 한 예전 「가족관계의 등록 등에 관한 법률」 규정에 위헌확인결정을 하였습니다. 이에 따라 형제자매의 증명서는 발급받을 수 없도록 법이 개정되었습니다.

헌법재판소가 위헌확인결정을 한 이유를 보겠습니다.

증명서에는 본인의 등록기준지·성명·성별·본·출생연월일 및 주민등록번호와 같이 개개인을 특정할 수 있는 정보와, 이혼, 파양, 인지와 같은 민감한 정보가 포함되어 있어 유출되거나 잘못 쓰일 위험이 있습니다.

형제자매는 신뢰관계가 두텁고 정다운 경우도 많으나, 반대로 상속 등의 문제로 이해관계가 대립하거나, 따로 자란 이복, 이부형제자매와 같이 신뢰관계를 쌓을 기회가 적은 경우도 많아 형제자매라고 해서 무제한적으로 이러한 정보를 볼 수 있도록 하는 것은 불합리하다고 보았습니다.

*헌법재판소 2016. 6. 30. 선고 2015헌마924 결정을 참조하였습니다.

형제자매라도 정당한 이유가 있다면?

형제자매의 증명서를 발급받을 수 있는 방법은 전혀 없을까요? 아닙니다.

형제자매는 상속에서 제3순위입니다. 만약 형님이 부모도 자녀도 배우자도 없이 사망하여 동생이 유일한 상속인이 되었을 때는 상속인의 지위에서 형님의 증명서를 발급받을 수 있습니다. 또 소송에서 필요할 때, 법에서 제출을 요구할 때 등 타당한 이유가 있다면 증명서 발급이 가능합니다. 물론 형제자매가 위임장을 써주었다면 증명서를 발급받을 수 있습니다.

착한 흥부라면 놀부가 못된 심보로 자신의 증명서를 발급받으려 해도 기꺼이 위임장을 써주었을지도 모르겠습니다만 지금의 현실에서는 상상하기 힘들지 않을까요?

05 누가 감히 내 증명서를?

다른 사람이 내 증명서를 발급?

형제자매라도 발급받을 수 없는 증명서를 완전히 남남인 사람이 발급받을 수도 있습니다.

물론 아무 때나 발급받을 수 있는 것은 아니고, 법에서 '이 정도면 남이라도 가족관계를 확인할 수 있게 해줘야 한다.'라고 정한 사유가 있을 때에 한해서입니다.

필요한 이유가 있을 때는 가능합니다.

국가 등이 직무상 필요에 따라 증명서가 필요하거나 다른 사람과 법적 분쟁이 발생하여 그 사람의 가족관계 또는 상속인을 확인할 필요가 있을 때가 있습니다. 이러한 경우 다른 사람의 증명서도 발급받을 수 있습니다.

예를 들어보겠습니다.

부부가 미성년자를 입양하기 위해서는 가정법원의 허가를 받아야 합니다. 이때 법원에 제출하는 서류 중에는 입양하고자 하는 미성년자의 가족관계증명서나 기본증명서가 포함됩니다. 입양절차에서 필요한 부모나 법정대리인을 확인하기 위해서입니다. 부부는 부모가 되려는 사람이므로 부모 자격으로 가족관계증명서를 발급받을 수는 없습니다. 다만 입양에 필요하다는 사실을 소명하여 가족관계증명서 등을 발급받을 수 있습니다.

구체적인 절차는 증명서를 발급하는 시(구)청, 읍·면·동사무소에서 안내받으시면 됩니다.

상속인은 가능합니다.

앞서 살펴보았듯이 형제자매는 가족관계에 관한 증명서를 당연하게 발급받을 수 있는 사람은 아닙니다. 그러나 사망한 사람의 직계비속, 직계존속, 배우자가 모두 없다면 형제자매가 상속인이 되는데, 이 경우 형제자매는 "내가 상속인이오!"라고 주장하며 증명서를 발급해달라고 요청할 수 있습니다. 상속인은 사망한 사람의 권리관계를 포괄적으로 승계하기 때문에 형제자매의 지위에서 발급받을 수 없었던 증명서를 상속인의 지위에서는 발급받을 수 있게 되는 것입니다.

상속인이 누군지 확인을 위해서도 가능합니다.

상속인이 누구인지 확인하기 위해서 증명서가 필요할 때도 있습니다. 사망한 사람에게 받을 돈이 있거나 갚을 빚이 있다면 상속인을 찾아야 합니다. 이런 사실을 소명한다면 사망한 사람의 증명서를 발급받을 수 있습니다.

임차인이 사망하였을 때 누가 임차인의 지위를 이어받아서 월세를 낼 것인지 또는 보증금은 누구에게 돌려주어야 하는지 알기 위해 임대인은 사망한 임차인의 증명서를 떼어 임차인의 상속인을 확인하여야 합니다.

이때 임대인은 임대차계약서를 통해 사망한 임차인의 증명서가 필요한 이유를 소명하여야 하고, 임차인의 성명뿐만 아니라 등록기준지도 알아야 합니다. 임대차계약서에 임차인의 등록기준지를 적어두는 것도 만약을 대비하는 하나의 방법이 될 수도 있습니다.

그러나 이는 엄격히 제한되어 있습니다.

이렇듯 법률관계, 상속문제 해결을 위해 필요할 때는 가족이 아니라도 증명서를 발급받을 수 있습니다.

타인이 나의 증명서를 발급받을 수 있다니 불안하신가요?

그러나 타인이 나의 증명서를 발급받기 위해서는 소송 등 필요함을 소명하여야 하고, 담당 공무원은 이를 엄격히 판단하여 발급하고 있습니다. 또한 사생활의 비밀을 침해하는 등 부당한 목적이 분명한 때에는 증명서 발급이 거부될 수 있습니다. 정당한 사유 없이 혼인 외의 자녀인 사실, 이혼 경력 등을 호기심으로 알고자 할 때는 증명서를 발급해주지 않습니다. 신청서에 신청인, 청구사유 등을 기재하지 않거나 허위로 기재한다면 부당한 목적이 인정될 수 있습니다.

그리고 부당한 목적으로 타인의 증명서를 발급받는다면 형사처벌도 각오하여야 합니다.

제 3 장

가족관계등록과 출생신고

01 출생신고서 작성방법

출생신고서 양식

출생신고서 (년 월 일)	※ 신고서 작성 시 뒷면의 작성 방법을 참고하고, 선택 항목에는 '영표(○)'로 표시하기 바랍니다.

<table>
<tr><td rowspan="7">① 출생자</td><td rowspan="2">성명</td><td>*한글</td><td>김중이</td><td rowspan="2">본
(한자)</td><td rowspan="2">○○</td><td rowspan="2">*성별</td><td rowspan="2">①남 (circled)
2 여</td><td rowspan="2">*① 혼인 중의 출생자 (circled)
*2 혼인 외의 출생자</td></tr>
<tr><td>한자</td><td>金中二</td></tr>
<tr><td colspan="2">*출생 연월 일시</td><td colspan="6">2023 년 5 월 1 일 18시 06분(출생지 시각: 24시각제)</td></tr>
<tr><td colspan="2">*출생 장소</td><td colspan="3">1 자택 ② 병원 (circled) 3 기타</td><td colspan="3">부천시 원미구 상일로 129</td></tr>
<tr><td colspan="3">부모가 정한 등록기준지</td><td colspan="5">서울특별시 서초구 서초대로 219</td></tr>
<tr><td colspan="2">*주소</td><td colspan="2">서울특별시 양천구 신월로 386</td><td colspan="2">세대주 및 관계</td><td colspan="2">세대주의 자녀</td></tr>
<tr><td colspan="6">자녀가 복수국적자인 경우 그 사실 및 취득한 외국 국적</td><td colspan="2"></td></tr>
<tr><td rowspan="4">② 부모</td><td>부</td><td>성명</td><td>김본인 (한자: 金本人)</td><td>본(한자)</td><td>○○</td><td>*주민등록번호</td><td colspan="2">900101-12345○○</td></tr>
<tr><td>모</td><td>성명</td><td>현부인 (한자: 玄夫人)</td><td>본(한자)</td><td>▽▽</td><td>*주민등록번호</td><td colspan="2">910101-23456○○</td></tr>
<tr><td colspan="2">*부의 등록기준지</td><td colspan="6">서울특별시 영등포구 의사당로 1</td></tr>
<tr><td colspan="2">*모의 등록기준지</td><td colspan="6">서울특별시 종로구 청와대로 1</td></tr>
<tr><td colspan="9">혼인신고 시 자녀의 성·본을 모의 성·본으로 하는 협의서를 제출하였습니까? 예□ 아니요□ (circled)</td></tr>
</table>

③ 친생자관계 부존재확인판결 등에 따른 가족관계등록부 폐쇄 후 다시 출생신고하는 경우					
폐쇄등록부상 특정사항		성명		주민등록번호	-
		등록기준지			
④ 기타 사항					
⑤ 신고인	*성명	김 본 인 (서명 또는 날인)		주민등록번호	900101-12345○○
	*자격	①부 ② 모 ③ 동거친족 ④ 기타 (자격:)			
	주소	서울특별시 양천구 신월로 386			
	*전화	010-1○○4-5○○9	이메일	○○○@korea.com	
⑥ 제출인	성명	김양부	주민등록번호	630101-12345○○	

작성 TIP

① 출생자

〈성명〉
이름은 5자를 초과할 수 없습니다. 한자는 인명용 한자만 사용할 수 있습니다.

〈본〉
모의 본을 따르는 경우를 제외하고 부의 본을 사용합니다.

〈성별〉
출생증명서에 기재된 성별을 체크합니다.

〈혼인 중/외 출생자〉
출생 당시 부모의 혼인 상황에 체크합니다.

〈출생 연월 일시〉
출생증명서에 기재된 출생일과 시각을 기재합니다.

〈출생 장소〉
출생증명서에 기재된 출생장소를 기재합니다.

〈부모가 정한 등록기준지〉
과거 호적의 본적개념입니다.

② 부모

부모의 이름과 주민등록번호 등록기준지를 기재합니다.

⑤ 신고인

부, 모가 출생신고 하여야 합니다. 부모가 출생신고하지 못하는 경우에는 동거하는 친족 또는 분만에 관여한 자가 신고하여야 합니다.

⑥ 제출인

신고인 대신 신고서류를 가족관계등록관서에 제출하는 사람을 기재합니다.

출생신고서 작성할 때 알면 유익한 내용

Q 출생신고 기간, 출생신고 의무자, 출생신고 장소를 알고 싶습니다.

- 출생신고는 자녀가 태어난 후 1개월 이내에 하여야 합니다. 이 기간이 경과하면 과태료가 부과될 수 있습니다.
- 출생신고 의무자는 부모입니다(부부가 아닌 사이에서 태어난 경우 모).
- 출생신고는 시(구) · 읍 · 면에 할 수 있고, 주민등록할 곳의 동사무소에서도 가능합니다.

Q 아이의 이름을 고민하고 있습니다. 1개월 이내 출생신고 하고 나중에 개명해야 하나요?

- 자녀의 이름을 미정으로 신고한 후 나중에 자녀의 이름만 추가로 신고 할 수 있습니다.

Q 아이의 이름에 쓰인 한자를 잘못 기재하였습니다. 이미 기본증명서까지 발급받았는데 지금이라도 고치고 싶습니다.

- 신고인의 착오로 기록된 내용은 정정할 수 없습니다. 따라서 가정법원에 개명을 신청하여야 합니다.

Q 혼인 중 출생자, 혼인 외 출생자로 구분하여 표시하는 이유는 무엇인가요?

- 태어난 자녀가 부부 사이에서 태어났는지 아닌지에 따라 아버지를 정하는 방법이 다릅니다. 부부 사이가 아니라면(혼인 외 출생자) 아버지가 자녀를 인지하거나, 인지효력 있는 출생신고를 하여야만 아버지를 기록할 수 있습니다.
- 자세한 내용은 출생신고편의 "부모를 정하는 법이 있다?"를 참조하여 주시기 바랍니다.

Q 부모가 정한 등록기준지는 무엇인가요?

- 호적의 본적을 가족관계등록부에서 등록기준지라고 합니다. 등록기준지는 검색기능과 재외국민의 등록사무처리지 등을 정하는 기준이 됩니다. 다른 의사가 없다면 자녀의 등록기준지는 성과 본을 따르는 부모의 등록기준지와 같습니다.
- 등록기준지는 언제라도 자유롭게 변경할 수 있습니다.

구급차로 이동 중 출산하였습니다. 출생신고서에 출생장소를 어떻게 기재하여야 하나요?

- 출생증명서에 건물번호나 지번의 기재가 없거나 항공기나 차량, 선박 등에서 출산하여 장소를 특정할 수 없을 때, '서울발 부산행 ○○운수 100아1111 버스 안 천안휴게소 인근'으로도 기재할 수 있습니다.

부부사이가 아니라서 아이의 부 또는 모의 인적사항을 모릅니다. 출생신고가 가능하나요?

- 모가 출산한 사실을 증명하는 출생증명서만 있다면 부의 인적사항을 모르더라도 출생신고를 할 수 있습니다. 물론 아이의 가족관계등록부에 부를 기록하지 않습니다.
- 추후 부를 기록하기 위해서는 '인지신고' 또는 '인지판결'이 필요합니다.
- 부가 모의 인적사항을 모를 경우 가정법원의 확인을 받아 출생신고 할 수 있습니다. 이때도 아이의 가족관계등록부에 모를 기록하지 않습니다.
- 추후 모를 기록하기 위해서는 '추후보완신고' 또는 '친생자관계존재 확인판결'이 필요합니다.

혼인신고 할 때 모의 성과 본을 따르기로 하는 협의서를 제출하였습니다. 출생신고 할 때 부의 성과 본으로 출생신고할 수 있을까요?

- 모의 성과 본을 따르기로 한 신고는 취소할 수 없으므로 모의 성과 본으로 출생신고 하여야 합니다.
- 모의 성과 본을 따르기로 하는 협의서는 혼인신고 할 때만 제출할 수 있으므로 출생신고 하면서 이를 제출할 수 없습니다. 따라서 협의서를 제출하지 않았다면 부의 성과 본을 따라 출생신고 하여야 합니다.
- 가족관계등록부에 기록된 성과 본을 변경하고자 한다면 가정법원에서 성과 본을 변경하는 심판을 받아야 합니다.

아이의 부모가 사고로 병원에 입원 중이라 출생신고 할 사람이 없습니다. 타지에 사는 할아버지가 대신 출생신고 할 수 있나요?

- 출생신고 할 수 있는 사람은 부, 모, 동거하는 친족, 분만에 관여한 의사 · 조산사 등으로 한정되어 있습니다. 따라서 동거하지 않는 할아버지는 출생신고 할 수 없습니다.
- 출생통보제도 시행으로 시(구) · 읍 · 면의 장이 신고하라는 최고를 하여도 출생신고를 하지 않는 경우 법원의 허가를 받아 시(구) · 읍 · 면의 장이 직권으로 등록부에 출생을 기록합니다.

02 부모를 정하는 법이 있다?

출생신고는 누가?

부부 사이에서 태어난 자녀의 출생신고는 부 또는 모가 하여야 하고, 부부가 아닌 사이에서 태어난 혼인 외 자녀의 출생신고는 모가 하여야 합니다. 부모가 출생신고를 할 수 없을 때에는 동거하는 친족이나 분만에 관여한 의사·조산사 등이 출생신고를 하여야 합니다.

신고의무자는 아동이 태어난 후 1개월 내에 출생신고를 하여야 하고, 이 기간을 경과하면 과태료의 제재를 받습니다. 출생한 자녀의 가족관계등록부가 작성되어야만 가족관계를 증명할 수 있으며 병원진료, 사회복지 서비스 이용 등 일상생활을 할 수 있기 때문입니다.

이 때문에 대법원 판례에서는 대한민국 국민으로 태어난 아동은 태어난 즉시 '출생등록될 권리'를 가지고 있다고 하였습니다.

부모를 정하는 법이 있다

자녀의 1차적 출생신고 의무자인 부와 모를 정하는 법은 민법 등을 근거로 합니다. 아버지, 어머니는 당연히 아버지, 어머니임에도 이를 정하는 법이 있다고 한다면 이상하다고 생각할 수도 있겠습니다. 그러나 출생의 비밀을 둘러싼 수많은 드라마와 영화가 있듯이 아버지, 어머니임에도 가족관계등록부에 아버지, 어머니로 기록되지 않는 경우도 있습니다.

어머니를 정하는 방법

이미니는 태어난 자녀를 낳은 사람입니다.

따라서 어머니로 인정받기 위해서는 본인이 출산한 사실을 객관적으로 증명하여야 하므로 출생신고 시 출생증명서를 제출하여야 합니다. 출생증명서가 없다면 출생사실을 증명하는 서면을 제출하여야 하고 이마저도 제출할 수 없는 경우 가정법원에서 본인이 출산한 사실에 대해 확인을 받아야 합니다. 이러한 서류들은 누가 자녀를 낳았는지 증명해주는 신뢰할 수 있는 서류들입니다.

만약 불임부부가 체외수정을 하고 대리모가 아동을 출산하였다면 어머니는 누구일까요?

자녀를 출산한 사람이 어머니가 되므로 대리모가 어머니입니다.

인공수정 등 과학기술의 발전에 맞추어 출산이라는 자연적 사실이 아니라 유전적인 공통성을 기준으로 부모를 결정하여야 한다는 의견도 있습니다. 그러나 출산이라는 자연적 사실은 다른 기준에 비해 그 판단이 분명하고 모자관계는 단순히 법률관계에 그치는 것이 아니라 약 40주의 임신기간 및 출산의 고통과 수유 등 오랜 시간을 거쳐 형성된 정서적인 부분이 포함되어 있으므로 이러한 정서적인 유대관계 역시 모성으로 법률상 보호받는 것이 타당할 것입니다.

그럼에도 유전적인 공통성 또는 관계인들의 의사를 기준으로 부모를 결정할 경우 이러한 모성이 보호받지 못하게 되고 결과적으로 출생자의 복리에도 반할 수 있으며 여성이 출산에만 봉사하게 되거나 형성된 모성을 억제하여야 하는 결과를 초래할 수 있습니다.

이러한 이유로 아동을 출산한 사람을 어머니로 하였을 것입니다.

*서울가정법원 2018. 5. 9.자 2018브15 결정, 대법원 2025. 4. 24. 선고 2022므15371 판결을 각 참조하였습니다.

아버지를 정하는 방법

어머니는 자녀를 출산하였다는 객관적인 사실로 정합니다만 아버지를 객관적으로 확인할 수 있는 방법은 없습니다. 유전자검사기술의 발달로 생물학적인 부를 객관적으로 확인하는 방법에 대해 신뢰성이 증가한 것은 사실이지만 현재 유전자검사기술 결과로만 아버지를 정하고 있는 '법'은 없습니다.

민법에서는 아내가 혼인 중에 임신한 자녀는 남편의 자녀로 일단 추정합니다. 이는 출산을 통하여 객관적으로 확인된 어머니의 법률상 배우자(남편)를 자녀의 아버지로 추정한다는 것입니다. 즉 자녀가 태어날 당시 가족관계등록부에 기록된 어머니의 배우자가 아버지입니다.

그러나 혼인 외에서 태어난 자녀(어머니가 미혼모인 경우)는 어머니의 배우자가 없으므로 이 원칙을 적용할 수 없습니다. 따라서 자녀의 가족관계등록부에 아버지를 기록할 수 없고 어머니만 기록합니다.

그러나 아버지 없이 태어날 수 있는 '사람'은 없습니다.

그러나 아버지 없이 태어날 수 있는 '사람'은 없습니다. 민법이 정한 아버지(어머니의 법률상 배우자)에 해당하는 사람이 없기 때문에 자녀의 가족관계등록부에 아버지를 기록하지 않을 뿐입니다.

이 경우 아버지를 가족관계등록부에 기록하는 별도의 절차가 필요한데 이를 '인지'라고 합니다. 아버지가 인지신고를 한다면 자녀의 가족관계등록부에 비로소 아버지가 기록됩니다.

이러한 '인지'는 출생신고를 통해서도 할 수 있습니다. 혼인 외에서 태어난 자녀(어머니가 미혼모인 경우)에 대해 생부가 출생신고를 하면 어머니의 배우자(남편)가 없음에도 출생신고한 사람을 아버지로 기록합니다. 이를 '인지효력 있는 출생신고'라고 합니다.

03 진정한 아버지는 누구?

생물학적인 아버지는 당연히 아버지?

어머니 甲은 乙과 혼인 중에 다른 남자인 A와 사이에서 자녀를 출산하였음에도 자녀의 가족관계등록부에는 乙이 아버지로 기록됩니다. 이는 앞에서 설명한 바와 같이 자녀가 태어날 당시 가족관계등록부에 기록된 어머니의 배우자가 아버지이기 때문입니다. 따라서 A는 생물학적인 아버지이나 자녀의 가족관계등록부에는 아버지로 기록하지 않는 것이 원칙입니다.

자녀의 가족관계등록부에 A를 아버지로 기록하기 위해서는 乙(어머니 남편)이 아버지가 아니라는 판결문이 필요합니다. 乙(어머니 남편)이 아버지가 아니라는 판결문이 있다면 자녀는 혼인 외에서 태어난 자녀(어머니가 미혼모인 경우)와 같고, A는 '인지'를 하거나, '인지효력 있는 출생신고'를 할 수 있습니다. 이때는 A를 아버지로 기록할 수 있습니다.

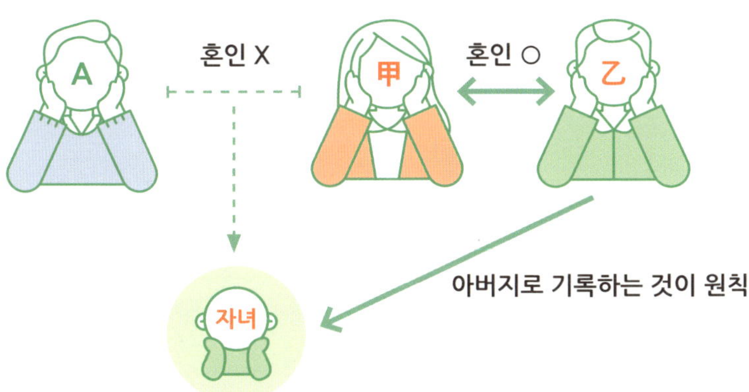

하예솔의 아버지

이와 같은 내용을 잘 알 수 있는 것이 넷플릭스 드라마 「더 글로리」입니다. 전재준이 자신이 하예솔의 아버지이므로 당장 하예솔을 데려오겠다고 하자 변호사는 부모가 아닌 제3자는 소송이 불가능하다면서 그 이유를 다음과 같이 설명합니다.

전재준은 하예솔의 생물학적인 아버지이지만 법률상 아버지는 아니므로, 법률상 아버지인 하도영이 교도소에 수감되었거나 해외에 거주하여 박연진이 하도영의 아이를 임신할 수 없었음이 명백한 경우에만 하도영이 아버지가 아니라는 소송을 할 수 있다고 하였습니다.

전재준은 소송도 제기할 수 없습니다.

생물학적인 아버지인 전재준이 하예솔의 아버지로 인정받기 위해서는 하도영이 아버지가 아니라는 소송이 필요합니다. 그러나 혼인 후 200일 후부터 혼인 해소 후 300일 이내에서 태어난 자녀가 부부의 자녀가 아니라는 소송은 부부만이 제기할 수 있는 것이 원칙입니다. 따라서 드라마에서 부부인 하도영과 박연진만이 소송을 제기할 수 있는데 이를 '친생부인의 소'라고 합니다.

그러나 ① 혼인 후 200일 이전에 태어났거나, ② 혼인 후 200일 후부터 혼인 해소 후 300일 이내에서 태어났더라도 교도소 수감이나 해외거주 등으로 부부 사이에서 자녀를 임신할 수 없는 상태가 명백하다면 이해관계 있는 사람도 부부의 자녀가 아니라는 소송을 제기할 수 있습니다. 이를 '친생자관계부존재 확인의 소'라고 합니다.

하예솔은 혼인 후 200일 후에 태어났고 하도영과 박연진이 임신할 수 없는 상황도 아니었으므로 하도영이 '친생부인의 소'를 이러한 사실을 안 때부터 2년 이내에 제기하여야 합니다.

그러나 하도영은 하예솔을 딸로 인정하고 양육하고자 하므로 설령 생물학적인 아버지인 전재준이라도 이들이 부녀가 아니라는 소송을 제기할 수 없습니다. 결국 하예솔의 아버지는 하도영일 수밖에 없습니다.

아버지가 2명이 되는 경우도 있다?

어머니의 법률상 배우자가 아버지가 된다고 하였습니다. 그러나 어머니의 법률상 배우자를 자녀가 태어날 당시 배우자로 한정하지 않습니다.

통상 임신기간은 10개월이므로, 이혼 후 300일 이내에 태어난 자녀도 이혼 전에 임신하였을 가능성이 있기 때문에 이혼 후 300일 이내에 태어난 자녀도 전 남편의 자녀로 추정합니다.

다음과 같은 혼인관계증명서(상세)의 일반등록사항란을 보도록 하겠습니다.

구분	상세내용
이혼	[협의이혼사건번호] ○○가정법원 2024호협111111호 [협의이혼신고일] 2024년 03월 20일 [배우자] 전남편 [배우자의 주민등록번호] 880101-12345○○ [처리관서] 서울특별시 서초구
혼인	[신고일] 2024년 04월 19일 [배우자] 현남편 [배우자의 주민등록번호] 900202-13456○○ [처리관서] 서울특별시 영등포구

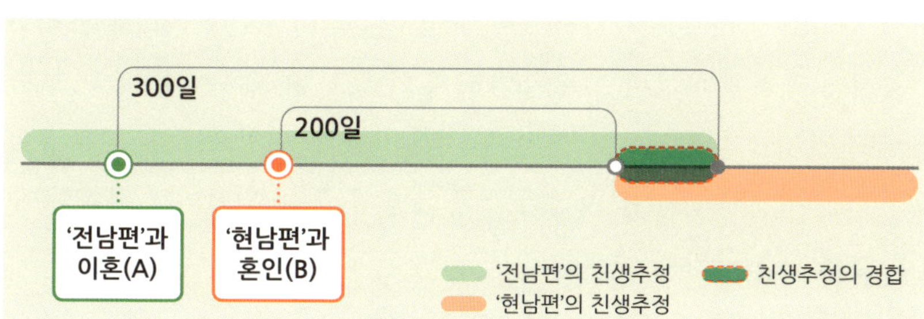

어머니는 '전남편'과 2024. 3. 20. 이혼한 후 30일 뒤 '현남편'과 2024. 4. 19. 재혼하였습니다. 재혼 후 자녀를 2024. 12. 20. 출산하였다면, 전남편과 이혼 후 275일, 재혼 후 245일 만에 자녀를 출산한 것입니다.

① 자녀는 어머니가 이혼 후 300일 이내에 태어났으므로 '전남편'의 자녀로 추정합니다.

② 자녀는 어머니가 재혼 후 200일 후에 태어났으므로 '현남편'의 자녀로도 추정합니다.

결국, 자녀는 아버지가 2명인 경우로 이를 '친생추정의 경합'이라고 합니다.

그러나 아버지가 둘인 '사람'도 없습니다. 이와 같이 친생추정을 받는 아버지가 2명인 때에는 어머니가 출생신고를 하고, 가정법원에 '부를 정하는 소'를 제기하여 소송결과에 따라 아버지를 기록하게 됩니다.

친생부인의 허가청구도 있습니다.

가족관계등록부에 기록될 아버지가 진정한 아버지가 아닌 경우, 이를 깨트리기 위해서는 소송을 하여야 합니다.

그러나 2015년 헌법재판소는 이혼 후 태어난 자녀까지 모두 이러한 원칙을 적용하는 것은 다음과 같은 이유로 불합리하다고 보았습니다.

"오늘날 이혼 및 재혼이 크게 증가하였고, 혼인관계가 깨어진 때부터 법률상 이혼까지 시간간격이 크게 늘어나게 됨에 따라 여성이 전남편이 아닌 사람의 자녀를 임신하여 혼인 종료일로부터 300일 이내에 출산할 가능성이 과거에 비하여 크게 증가하게 되었고, 유전자검사기술의 발달로 부자관계를 의학적으로 확인하는 것이 쉽게 되었으므로 혼인 종료 후 300일 이내에 출생한 자녀의 경우 소송을 통해서만 이를 번복할 수 있다는 원칙은 불합리합니다."

*헌법재판소 2015. 4. 30. 선고 2013헌마623 결정을 참고하였습니다.

지금은 민법 개정으로 혼인 종료(이혼 등) 후 300일 이내에 출생한 자녀의 경우, 가정법원의 '친생부인의 허가 청구' 등 소송보다 간이한 절차로 이를 번복할 수 있게 되었습니다.

자녀의 진정한 아버지가 '현남편'일 경우, '전남편' 또는 어머니가 가정법원에서 '친생부인의 허가'를 받는다면 출생신고 시 '현남편'의 자녀로 기록할 수 있습니다.

아버지를 정하는 경우는 왜 이럴까요?

인류의 역사에서 아버지를 객관적으로 알 수 있게 된 것은 비교적 최근으로, 유전자검사기술의 발달로 생물학적인 부를 객관적으로 확인하는 방법에 대해 신뢰성이 증가한 것은 사실입니다. 그러나 유전자검사기술이 아니더라도 혼인 중에 태어난 자녀를 부부의 자녀로 정하는 것이 진정한 아버지일 가능성이 가장 크고, 부부 사이에 태어난 자녀의 양육을 보장하는 가장 합리적인 방법일 것입니다.

그리고 혼인 중에 태어난 자녀는 어머니의 법률상 배우자를 아버지로 하여 가족관계등록부에 기록하되, 진정한 부가 아닐 경우 판결 등으로 이를 부인하도록 한 것입니다.

04 성과 본 - '동이' 이야기

소설 메밀꽃 필 무렵 '동이'의 이야기입니다.

대한민국 사람이라면 누구나 읽었을 정도로 유명한 이효석의 소설 「메밀꽃 필 무렵」 이야기로 가족관계등록부에 기록되는 성과 본에 대해 알아보겠습니다.

장돌뱅이 허생원은 우연히 만난 젊은 장돌뱅이 동이와 대화 장터로 가는 길에 동행하게 되고, 달빛 아래 메밀꽃 밭에서 자신이 젊었을 때 물레방앗간에서 있었던 성서방네 처녀와의 이야기를 회상합니다. 동이는 고향이 봉평인데 제천에서 달이 채 차지 못하고 자신을 낳고 쫓겨난 어머니와 매일같이 술만 마시는 의붓아버지 이야기를 하였는데, 허생원은 동이의 이야기와 동이가 왼손잡이라는 사실에 동이가 자신의 아들이 아닌가 생각하고 동이와 함께 제천장으로 간다는 내용입니다.

동이의 가족관계를 이렇게 가정합시다.

동이의 가족관계는 복잡하지만 허생원이 동이의 생부이고, 동이의 어머니는 동이를 출산한 후, 현재는 혼인신고를 하여 배우자가 있는 상태이고, 이후 허생원이 동이를 자신의 친자식으로 인정하였다고 가정하겠습니다.

이 상황에서 동이의 성과 본이 어떻게 가족관계등록부에 기록되는지 보겠습니다.

성과 본을 정하는 원칙은 민법에 있습니다.

우리나라는 혼인 후에도 부부는 각자 본래의 성을 유지합니다. 따라서 그 사이에서 태어난 자녀는 누구의 성과 본을 따를지 정하여야 하므로, 민법에서 자녀의 성과 본을 정하는 규정을 두었습니다.

민법에 따르면 자는 부의 성과 본을 따르나, 부모가 혼인신고 시 모의 성과 본을 따르기로 협의한 경우에는 모의 성과 본을 따릅니다. 부를 알 수 없는 자는 모의 성과 본을 따르도록 되어 있습니다.

또한 자녀의 복리를 위하여 자녀의 성과 본을 변경할 필요가 있을 때에는 법원의 허가를 받아 이를 변경할 수 있습니다.

민법에 따라 동이의 성은 '성'씨입니다.

동이는 허생원과 성서방네 처녀와의 사이에서 태어난 혼인 외의 자녀이지만 동이의 어머니는 허생원이 누군지 몰랐습니다. 혼인 외의 자녀인 동이에 대한 출생신고는 모가 하여야 하는데 이때 동이의 성과 본은 모의 성과 본을 따라야 하므로, 동이의 '성'은 어머니의 '성'인 '성씨'가 될 것입니다. 결국 어머니의 출생신고로 작성된 가족관계등록부에 기록된 동이는 '성동이'가 될 것입니다.

만약 동이의 아버지가 허생원임을 알았다면 '허씨'로도 출생신고가 가능하였을 것이지만 소설에서는 몰랐던 것으로 나오므로 '성동이'로만 출생신고를 할 수 있습니다.

성과 본을 변경할 수도 있습니다.

어머니가 이후 혼인신고를 하여 새로운 가정을 꾸리더라도 '성동이'의 성과 본은 그대로입니다. '성동이'와 어머니의 배우자는 부자관계가 아니기 때문입니다. 그러나 재혼가정에서 계부와 성과 본이 다른 경우 자녀의 복리를 위해 법원의 허가를 받아 이를 변경할 수는 있으므로 '성동이'는 법원의 허가를 받아 계부의 성과 본으로 변경할 수도 있었을 것입니다. 그러나 소설에서 계부는 매일같이 술만 마시는 고주망태로 나오는 것으로 보아 계부의 성과 본으로 변경을 신청하지 않을 가능성이 높아 보입니다.

허생원의 인지로 성동이는 허동이로 변경됩니다.

허생원은 '성동이'가 자식임을 확인하고 자신의 가족관계등록부에 이를 기록하고자 한다면 '성동이'를 인지하여야 합니다. 인지신고를 하면 허생원과 '성동이'의 가족관계등록부에 부와 자로 기록될 것입니다.

민법에 의하면 혼인 외의 출생자가 인지된 경우 자는 부의 성과 본을 따르지만 부모가 협의하거나 법원의 허가(부모가 협의할 수 없거나 협의가 이루어지지 아니한 경우)를 받아 종전의 성과 본을 계속 사용할 수도 있습니다.

허생원이 '성동이'를 인지한다면 '성동이'는 '허동이'로 가족관계등록부에 기록될 것입니다. 다만 '성'을 지금에 와서 바꾸는 것이 사회생활의 불편 등을 이유로 종전처럼 '성동이'로 계속 살고자 한다면 부모의 협의나 법원의 허가가 필요할 것입니다.

허생원의 인지 후, 허동이의 가족관계등록부입니다.

구분	성 명	출생연월일	주민등록번호	성별	본
본인	① 허동이(許동이)	1990년 05월 08일	900508-1111100	남	南陽

가족사항

구분	성 명	출생연월일	주민등록번호	성별	본
② 부	허생원(許生員)	1961년 06월 01일	610601-1111100	남	南陽
모	성영희(成永禧)	1963년 03월 06일	630306-2222200	여	全州

일반등록사항

구분	상세내역
출생	[출생장소] 충청북도 제천시 남천동 1번지 [신고일] 1990년 05월 28일 [신고인] 모
③ 인지	[신고일] 2008년 03월 10일 [인지자] 부 허생원 [인지자의 주민등록번호] 610601-1111100 [처리관서] 충청북도 제천시
④ 기타	[정정일] 2008년 03월 10일 [정정내용] 부의 인지로 인하여 성 "성"을 "허"로, 본 "全州"를 "南陽"으로 변경 [처리관서] 충청북도 제천시

③은 허생원이 인지한 내용이고, 인지하였으므로 ②와 같이 허생원은 성동이의 부로 기재됩니다. ④는 허생원의 인지로 성동이의 성과 본이 남양 허씨로 변경된 내용이고, ①과 같이 '허동이'로 기재됩니다.

소설에서 성동이는 소설 이후의 삶에서는 허동이입니다.

소설에서 동이의 성은 등장하지 않지만 어머니가 성서방네 자녀이므로 어머니의 성은 성씨이고, 현 민법에 따르면 어머니의 출생신고로 가족관계등록부에 기록된 동이의 성명은 '성동이'입니다. 허생원이 인지를 한다면 성명은 '허동이'로 바뀔 것이지만 부모의 협의나 법원의 허가로 '성동이'로 계속 살아갈 수도 있습니다.

자 그럼 '동이'에게 성을 붙여 '성동이'로 하여 「메밀꽃 필 무렵」을 다시 읽어볼까요?

05 이름이 '○○○가낳은최대걸작품'?

예전에는 긴 이름도 가능하였습니다.

1993년 당시 한글이름이 많이 쓰이면서 우스꽝스럽거나 부르기에 불편한 지나치게 긴 이름을 신고하는 사례가 늘었고, '○○○스로언은노미', '○○○빛따사로움온누리에', '○○○나온노미새미나' 등 긴 이름들이 신고 되어 있었습니다.

이러한 이름들은 행정상의 불편은 물론이고 본인 자신도 불편하며 특히 취학 연령기에 있는 아동이 학교에서 놀림의 대상이 될 수 있는 등 여러 문제점이 있었습니다.

또한 1993년 1월 '○○○가낳은최대의걸작품'이라는 이름으로 출생신고하였으나 호적공무원이 수리해주지 않자 부모가 이의를 제기한 일도 있었습니다.

이름은 5자로 제한됩니다.

이러한 사정을 감안하여 자녀의 이름은 성을 제외하고 기재문자수를 5자로 제한하고 있습니다.

1993년 2월 대법원에서는 우리말 연구가들의 자문을 받았는데 한 낱말로 이름을 지으면 중복될 가능성이 높지만 성을 포함해 여섯 자까지 허용하면 두 낱말까지 쓸 수 있기 때문에 중복을 피할 수 있다는 의견을 받아들여 이름의 기재문자수를 5자로 제한하도록 하였습니다.

기재문자수 제한을 없애자는 의견도 있습니다.

이름의 기재문자수 제한을 완화하거나 폐지하자는 의견도 있습니다.

그러나 우스꽝스럽거나 사용하기 불편한 이름을 부모가 정할 수 있게 되는데 개명을 하지 않는 이상 일생동안 그 이름으로 살아야 한다는 점에서 자녀는 그 이름으로 인하여 심리적인 고통을 받거나 놀림의 대상이 될 수 있습니다.

또한 이름을 정하는 일은 어느 사회에서나 고유의 전통이나 관행에 기초한 것으로 그러한 전통이나 관행을 무시하고 작명할 수는 없습니다. 우리나라에서는 그동안 대부분의 사람들이 성을 제외하고 1~2자의 이름을 쓰는 것이 일반적이었으므로 작명에 있어 고유한 전통이나 관행을 완전히 무시할 수는 없습니다.

기재문자수 제한은 합리적인 이유가 있습니다.

이름의 기재문자수를 지나치게 확대하는 것은 당사자 입장뿐만 아니라 사회적인 관계에서도 불편을 초래할 것입니다. 또한 이름이 지나치게 길어질 경우 각종 공적인 장부에 기재되는 일이 곤란한 경우가 발생할 수 있고, 이름의 구별이 어려워지면 이름을 가지고 사람을 구별하는 기능을 상실할 수 있으므로 이러한 점들은 사회 안정의 관점에서도 바람직하지 못할 것입니다.

따라서 이름의 기재문자수를 5자로 제한하는 것은 합리적인 이유가 있다고 할 것입니다.

다만 이미 가족계등록부에 기록된 이름이거나 외국인이 국적취득하면서 외국에서 종전에 사용하던 이름을 그대로 사용하고자 하는 경우, 외국인 부 또는 모의 나라 신분등록부에 이미 기록된 경우 등 특별한 사정이 있는 경우 이름의 기재문자수 제한에 대한 예외를 인정하고 있습니다.

이름을 ‘○○○가낳은최대의걸작품’으로 할 수는 없습니다.

자녀의 이름은 성을 제외하고 기재문자수를 5자로 제한하고 있으므로 결국 ‘○○○가낳은최대의걸작품’이라는 이름으로 출생신고는 할 수 없습니다.

06 이름에 사용되는 한자도 제한이?

인명용 한자를 사용하여야 합니다.

출생으로 작성되는 가족관계등록부에 사람을 특정하는 출생연월일, 부모, 성별, 성과 본은 이미 결정된 사실들이므로 신고인이 정할 수 있는 것은 이름입니다.

이름은 자유롭게 정할 수 있으나 앞서 본 바와 같이 5자를 초과할 수 없고 한자식 이름을 사용한다면 인명용 한자를 사용하여야 하는 등 일정한 제약이 있습니다.

여기서는 이름에 인명용 한자를 사용하는 이유에 대해 알아보겠습니다.

이름에 한자만을 사용하였던 때도 있었습니다.

호적의 이름은 한자만 기재하였습니다. 1990. 4. 1.부터 한자에 인명용 한자를 사용하도록 하였고, 1994. 7. 11.부터 이름에 한글과 한자를 병기하도록 변경하였습니다. 2017. 6. 29.부터 이름에 한글과 한자를 혼합하여 쓸 수 있도록 하였습니다. 따라서 현재 가족관계등록부에 기록되는 성명은 김철수(金哲秀), 김하늘(金하늘), 스미스철수(스미스哲秀), 김철수(金哲수), 김철수(金철秀)와 같이 기록할 수 있으며 성명 전부를 한자로 기록할 수 없는 경우에는 '김찰스'와 같이 한글만 기록합니다.

인명용 한자는 법령에서 정하고 있습니다.

인명용 한자는 1990년 호적법 개정으로 처음 도입되었습니다. 그 전에는 이름에 사용할 수 있는 한자에 제한이 없었으므로 출생신고서에 기재된 한자이름을 그대로 호적부에 기재하였습니다. 만약 어려운 한자가 사용된 경우 잘못 기재되거나 읽히게 되어 호적부 정정이나 개명을 하는 경우도 있었습니다. 또한 이름에 일반적으로 사용하지 않은 어려운 한자나 자전에도 없는 한자를 사용하는 경우도 있었으므로 그와 사회관계를 맺는 사람들이 그 이름을 알아보지 못하게 되어 불편을 겪기도 하였습니다. 이러한 불편을 해소하고, 행정전산화 추세에도 부응하기 위하여 1991. 4. 1. 출생신고부터 인명용 한자를 사용하게 한 것입니다.

인명용 한자는 현재 총 9,389자입니다.

인명용 한자는 처음 도입될 당시에는 한문교육용 기초한자를 포함하여 총 2,731자를 지정하였으나, 인명용 한자를 점점 확대하는 13차례에 걸친 개정으로 2024. 6. 11. 기준 총 9,389자가 인명용 한자로 지정되어 있습니다.

이름에 일정한 제약을 가할 수 있습니다.

헌법재판소에 따르면 이름은 인간의 모든 사회적 생활관계 형성의 기초가 된다는 점에서 중요한 사회질서에 속하고, 사회 전체의 법적 안정성의 기초라 하였습니다. 특히 가족관계등록부에 기록되는 이름은 주민등록표를 비롯한 각종 공적 장부와 금융거래 등 각종 법률관계에서 개인의 신분을 증명하는 중요한 기준이 되므로 국가는 출생신고 시 자녀의 이름에 대하여도 일정한 제약을 할 수 있다고 보았습니다.

인명용 한자를 사용하는 이유입니다.

자녀의 이름에 고유문자인 한글 이외에 한자를 사용할 수 있도록 한 것은 뜻을 중시하여 한자로 이름을 지어 온 우리의 전통과 사회 현상을 반영한 것입니다. 그러나 한자는 상형문자·표의문자로서 중국은 물론 한자 문화권에 속한 각국에서 오랫동안 한자를 사용하여 오면서 각국마다 상이한 글자 등을 만들어 사용하여 한글과 달리 그 숫자가 방대하고 범위가 불분명하다는 특징이 있습니다.

우리나라는 한글 전용 정책을 기본으로 하면서 한자는 한자어의 이해를 돕기 위한 보조도구로 제한적으로 사용하도록 하고 있으나, 초·중·고등 교육과정에서도 한자 교육을 필수과목으로 채택하지 아니하여 한자에 익숙하지 못한 사람들이 증가하고 있습니다.

이러한 상황에서 이름에 통상 사용되지 아니하는 한자를 사용하는 경우, 잘못된 글자가 가족관계등록부에 기재될 위험이 있고, 일본식 한자 등 인명에 부적합한 한자가 사용될 가능성이 증가하여 자녀의 성장과 복리에 장애요소로 작용할 가능성도 있습니다. 또한 그와 사회적·법률적 관계를 맺는 사람들이 그 이름을 인식하고 사용함에 있어서 상당한 불편을 겪게 될 것입니다.

뿐만 아니라 가족관계등록사무는 전산정보처리조직에 의하여 처리하게 되는데, 실제 사용되지 않는 희귀한 한자 등 그 범위조차 불분명한 한자를 문헌상으로 검증하여 가족관계등록 전산시스템에 모두 구현하는 것은 현실적으로도 어렵습니다.

위와 같은 점들에 비추어 볼 때, 자녀의 이름에 사용할 수 있는 한자의 범위를 제한하여 인명용 한자를 사용하도록 하는 것은 합리적인 이유가 있다고 하겠습니다.

*헌법재판소 2016. 7. 28. 선고 2015헌마964 결정을 참조하였습니다.

07 호부호형을 못하는 홍길동

홍길동의 이야기입니다.

조선시대 허균의 소설 「홍길동전」 이야기로 생소한 인지에 대해 알아보겠습니다.

홍길동은 조선 세종 때 서울에 사는 홍판서와 첩인 춘섬 사이에서 서자로 태어났습니다. 홍길동은 어려서부터 비범한 재주와 도술을 보였지만 서자라는 신분 때문에 아버지를 아버지라고 부르지 못하고 형을 형이라고 부르지 못하는, 호부호형(呼父呼兄)을 할 수 없는 한이 있었습니다. 홍길동의 뛰어난 능력에 위협을 느낀 홍판서의 또 다른 첩인 초란이 자객을 보내 그를 제거하려 하였으나 도술로 위기를 벗어나고 집을 떠나는 것으로 소설이 시작됩니다.

홍길동은 중혼적 사실혼 관계에서 태어났습니다.

그런데 홍길동은 왜 아버지를 아버지라 부르지 못하고 형을 형이라 부르지 못하였을까요? 조선시대 서자를 차별하였으므로 당연하다고 생각할 수도 있지만 지금 이 시대에 홍길동이 태어났다면 당연히 아버지를 아버지로 부를 수 있었을까요?

조선시대에는 처첩제도라고 하는 결혼제도가 있었습니다. 남자 배우자가 처와 첩을 두는 제도인데 처는 원칙적으로 한명이었습니다. 처가 있는데 다시 처를 맞이하면 형벌을 가하고 이혼시키도록 되어 있었습니다.

현 민법에 의하면 배우자 있는 자는 다시 혼인하지 못하고 중혼인 경우 이를 취소할 수 있습니다. 결국 배우자는 한 명이어야 한다는 원칙입니다. 조선시대나 지금이나 중혼은 금지되었습니다.

그럼에도 배우자가 있는 사람이 사실상 다른 사람과 사실혼 관계를 유지하고 있는 경우도 있습니다. 이를 중혼적 사실혼 관계라고 합니다. 홍길동의 부모는 지금으로 보면 중혼적 사실혼 관계라고 할 수 있습니다. 중혼적 사실혼 관계에서 태어난 홍길동은 혼인 외 자녀입니다.

홍길동이 지금 태어났어도 아버지를 기록하지 않습니다.

홍길동의 부모는 중혼적 사실혼 관계이므로 홍길동이 지금 태어났어도 어머니의 법률상 배우자가 없으므로 어머니의 법률상 배우자가 아버지가 된다는 규정을 적용할 수 없습니다. 따라서 모가 출생신고를 하였다면 홍길동의 가족관계등록부에 아버지를 기록할 수 없습니다. 조선시대나 지금이나 홍길동은 아버지를 아버지라고 부르지 못하는 상황은 동일합니다.

결국 홍길동의 가족관계등록부에 아버지 홍판서를 기록하기 위해서는 홍판서가 홍길동을 인지하여야 합니다. 인지를 하여 자녀의 가족관계등록부에 아버지를 기록하여야만 아버지와 자녀는 법률상 부자관계로 인정되고 아버지는 자녀에 대해 법적으로 책임을 지게 됩니다.

인지는 인지신고를 하여야만 합니다.

소설에서는 홍길동이 자신의 처지를 한탄하는 것을 들은 홍판서가 호부호형을 허한다고 합니다. 홍길동은 이런 아버지에게 크게 감사하고 집을 떠난다는 것이 소설의 내용입니다. 호부호형을 허한다고 하는 것은 인지를 하겠다는 의사로 보아야 합니다만 인지는 이러한 의사만으로 성립하지 않습니다. 반드시 등록관서에 가서 인지신고를 하여야 합니다. 이러한 신고를 창설적 신고라고 합니다.

인지신고로 홍판서와 홍길동의 가족관계등록부에 아버지와 자녀로 기록된다면 법률상 자녀관계가 형성되고, 이때서야 비로소 홍길동은 아버지를 아버지라고 할 수 있습니다.

물론 홍판서가 인지를 하지 않는다면 홍길동은 아버지를 상대로 인지청구의 소를 제기하여 강제로 인지를 하는 방법도 있습니다.

홍길동은 집을 떠나기 전 인지신고를 요구하여야 합니다.

소설처럼 아버지가 호부호형을 허한다고 부자관계가 형성되지 않으므로 홍길동은 집을 떠나기 전 반드시 아버지를 등록관서에 모시고 가서 인지신고를 하도록 하여야 합니다. 인지신고를 하여 가족관계등록부에 아버지로 기록되어야만 상속 등이 발생하면 상속인의 지위를 주장할 수 있다는 사실을 명심하여야 할 것입니다. 그렇게 하지 않는다면 홍길동에게 홍판서는 마음속의 아버지일 뿐입니다.

08 아버지가 한국인이라도 저는 외국인?

어머니가 외국인이라면 홍길동은 외국인?

대한민국의 국민이 되는 요건을 정하는 법이 국적법입니다. 너무나 당연한 이야기이지만 국적법에 따르면, 태어날 때 아버지나 어머니가 대한민국 국민인 경우 그 자녀도 출생과 동시에 대한민국 국민이 됩니다.

혼인 외 자녀인 홍길동은 가족관계등록부에 아버지를 기록할 수 없지만 홍길동의 어머니가 대한민국 국민이라면 홍길동은 대한민국 국민인 어머니로부터 태어났기 때문에 당연히 대한민국 국민입니다.

이와 반대로 홍길동의 어머니가 외국인이라면 어떨까요? 홍길동의 아버지가 한국인이라도 인지를 하지 않는다면 법률상 아버지가 없는 상태입니다. 따라서 홍길동은 외국인 어머니로부터 태어난 외국인일 뿐입니다.

인지를 하면 부자관계는 태어날 때로 소급합니다.

인지를 하면 부자관계는 자녀가 태어날 때로 소급합니다. 이는 인지할 때가 아니라 자녀가 태어났을 때부터 아버지로 인정한다는 것입니다. 따라서 이미 돌아가신 아버지로부터 상속도 받을 수 있으며 과거의 양육비도 받을 수 있습니다.

그러나 한국인 아버지가 외국인 자녀를 인지한다고 하여도 태어날 때부터 대한민국 국민으로 인정하지 않습니다. 국적법에 따르면 인지된 자녀가 미성년자인 경우에는 법무부장관에게 신고하여야 하고, 성년자인 경우에는 귀화절차를 거쳐야만 국적을 부여하고 있습니다.

국적은 개인간의 관계가 아니기 때문입니다.

부자관계는 개인과 개인의 관계지만 국적은 개인과 국가와의 관계이므로 같은 기준을 적용할 수 없습니다. 인지는 아버지의 일방적인 신고로 성립할 수 있습니다. 따라서 대한민국 국적의 아버지가 인지를 하였다는 이유만으로 다른 나라에서 태어나 살고 있는 혼인 외 자녀가 대한민국 국민이 된다면 자녀 입장에서 바람직하지 않을 수도 있습니다. 또한 인지가 대한민국 국적취득에 악용될 가능성도 있습니다. 따라서 외국인 자녀를 인지하여도 바로 대한민국 국적을 부여하지 않습니다.

인지한 미성년자 자녀는 법무부장관에게 신고함으로써 대한민국 국적을 취득할 수 있는데 이를 '인지에 의한 국적취득'이라고 합니다. 인지에 의한 국적취득은 진정한 부자관계일 경우라면 국적을 취득할 수 있으므로 귀화보다는 간이한 절차입니다. 이는 대한민국 국민이 될지 여부는 스스로 선택할 수 있도록 하면서도 국적취득 절차는 쉽게 하도록 한 것입니다.

홍길동은 인지에 의한 국적취득 절차를 밟아야 합니다.

외국인 어머니로부터 태어난 홍길동을 대한민국 국민인 홍판서가 인지를 한다면 홍판서의 가족관계등록부에 홍길동은 외국인으로 우선 기록됩니다.

그리고 홍길동에 대해 법무부장관에게 신고함으로써 대한민국 국적을 취득할 수 있습니다. 만약 홍길동이 성년이 되었다면 일반적인 귀화요건보다 완화된 특별귀화로 국적취득을 할 수 있습니다.

가족관계증명서(상세) 일부

등록기준지	서울특별시 영등포구 은행로 1234

구분	성 명	출생연월일	주민등록번호	성별	본
본인	홍판서(洪判書)	1989년 08월 09일	8908091-1111○○	남	南陽

가족사항

구분	성 명	출생연월일	주민등록번호		성별	본
부	홍철수(洪鐵樹)	1961년 06월 01일	610601-1111○○		남	南陽
모	이영희(李永禧)	1963년 03월 06일	630306-2222○○		여	全州
자녀	홍길동	2022년 05월 22일	국적	미국	남	

- 홍판서가 미국인 홍길동을 인지한다면 홍길동은 외국인 자녀로 기재됩니다.
- 그러나 홍길동은 미국인이므로 홍길동의 가족관계등록부는 작성되지 않습니다.
- 만약 인지에 의한 국적취득절차로 대한민국 국적을 취득하면 법무부장관으로부터 국적취득 통보에 따라 비로소 홍길동의 가족관계등록부가 작성됩니다.

이 경우 국적취득통보로 가족관계등록부가 작성됩니다.

한국인 아버지가 외국인 자녀에 대해 '인지신고'나 '인지효력 있는 출생신고'를 한다면 한국인 아버지의 가족관계등록부에 외국인 자녀로 기록합니다. 그러나 여전히 외국인이므로 그 자녀의 가족관계등록부를 만들지는 않습니다. 인지에 의한 국적취득절차를 거친 후 법무부장관으로부터 국적취득 통보가 오면 비로소 그 자녀의 가족관계등록부를 만들어 줍니다.

간혹 외국인 자녀에 대해 '인지'만을 하였음에도 착오로 가족관계등록부를 만들어 마치 대한민국 국민처럼 생활하고 있는 경우도 있습니다. 그러나 이들은 대한민국 국적을 취득한 사실이 없는 외국인이므로 가족관계등록부를 폐쇄하고 다시 국적취득절차를 밟아야 합니다.

현역병으로 군 복무 중 이러한 사실이 발견된 경우도 있었으므로 각별한 주의가 필요합니다.

태아인지의 경우 어머니가 외국인이라도 대한민국 국민입니다.

홍길동이 태어날 때부터 대한민국 국적을 취득할 방법이 없을까요? 홍판서가 홍길동이 태어나기 전 태아인지신고를 하는 방법이 있습니다. 민법에 따르면 아버지는 임신 중에 있는 자녀에 대해서도 인지를 할 수 있습니다. 이를 태아인지라고 합니다.

태아인지로 홍길동은 홍판서와 태어날 때부터 부자관계입니다. 따라서 태어날 때 아버지가 대한민국 국민이면 자녀가 대한민국 국적을 가질 수 있다는 국적법을 적용할 수 있습니다. 따라서 홍길동은 태어날 때부터 대한민국 국민이 되는 것입니다.

홍판서가 조금 더 빨랐다면, 홍길동은 아버지가 없는 설움도, 대한민국 국민이 아니라는 설움도 겪지 않았을 것입니다.

제 4 장

가족관계등록과 혼인신고, 이혼신고

01 혼인신고서 작성방법

혼인신고서 양식

혼인신고서
(년 월 일)

※ 신고서 작성 시 뒷면의 작성 방법을 참고하고, 선택 항목에는 '영표(○)'로 표시하기 바랍니다.

구분			남편(부)		아내(처)	
① 혼인당사자(신고인)	성명	한글	김본인	(서명 또는 날인)	현부인	(서명 또는 날인)
		한자	金本人		玄夫人	
	본(한자)		○○	전화 010-1004-5008	본(한자) ▽▽	전화 010-9006-5001
	출생연월일		1990. 1. 1.		1991. 1. 1.	
	*주민등록번호		900101-12345○○		910101-23456○○	
	*등록기준지		서울특별시 영등포구 의사당로 1		서울특별시 종로구 청와대로 1	
	*주소		서울특별시 양천구 신월로 386, ○○호		서울특별시 양천구 신월로 386, ○○호	
② 부모(양부모)	부 성명		김양부		현장인	
	주민등록번호		630101-12345○○		640110-13456○○	
	등록기준지		서울특별시 영등포구 여의도동 1번지		부산광역시 연제구 거제동 1500	
	모 성명		이양모		윤장모	
	주민등록번호		640101-23456○○		670110-23654○○	
	등록기준지		서울특별시 영등포구 여의도동 1번지		부산광역시 연제구 거제동 1500	
③ 외국방식에 의한 혼인성립일자			년 월 일			

<table>
<tr><td colspan="3">④ 성·본의 협의</td><td colspan="5">자녀의 성·본을 모의 성·본으로 하는 협의를 하였습니까? 예□ 아니요☑</td></tr>
<tr><td colspan="3">⑤ 근친혼 여부</td><td colspan="5">혼인 당사자들이 8촌 이내의 혈족 사이에 해당됩니까? 예□ 아니요☑</td></tr>
<tr><td colspan="3">⑥ 기타 사항</td><td colspan="5"></td></tr>
<tr><td rowspan="4">⑦ 증인</td><td colspan="2">성명</td><td colspan="2">최친구 (서명 또는 날인)</td><td colspan="2">주민등록번호</td><td>851231-15935○○</td></tr>
<tr><td colspan="2">주소</td><td colspan="5">서울특별시 송파구 위례성대로 13, ○○호</td></tr>
<tr><td colspan="2">성명</td><td colspan="2">정이웃 (서명 또는 날인)</td><td colspan="2">주민등록번호</td><td>881030-25896○○</td></tr>
<tr><td colspan="2">주소</td><td colspan="5">서울특별시 서초구 서초대로 301, ○○호</td></tr>
<tr><td rowspan="4">⑧ 동의자</td><td rowspan="2">남편</td><td>부 성명</td><td>(서명 또는 날인)</td><td rowspan="4">후견인</td><td>성명</td><td colspan="2">(서명 또는 날인)</td></tr>
<tr><td>모 성명</td><td>(서명 또는 날인)</td><td>주민등록번호</td><td colspan="2">-</td></tr>
<tr><td rowspan="2">아내</td><td>부 성명</td><td>(서명 또는 날인)</td><td>성명</td><td colspan="2">(서명 또는 날인)</td></tr>
<tr><td>모 성명</td><td>(서명 또는 날인)</td><td>주민등록번호</td><td colspan="2">-</td></tr>
<tr><td colspan="3">⑨ 신고인 출석 여부</td><td colspan="5">①남편(부) ②아내(처)</td></tr>
<tr><td colspan="2">⑩ 제출인</td><td>성명</td><td></td><td colspan="2">주민등록번호</td><td colspan="2">-</td></tr>
</table>

작성 TIP

① 혼인당사자(신고인)

당사자의 인적사항을 기재합니다.

〈서명 또는 날인〉
당사자의 의사가 가장 중요한 신고로 반드시 서명 또는 날인을 하여야 합니다.

② 부모(양부모)

부모(양부모)의 인적사항을 기재합니다.

④ 성·본의 협의

추후 취소할 수 없습니다. 신중한 선택이 필요합니다.

⑤ 근친혼 여부

근친간 혼인은 무효사유에 해당합니다.

⑦ 증인

성년자만 가능합니다. 성년인 외국인도 가능합니다.

⑧ 동의자

미성년자가 혼인할 때 부모 또는 후견인의 동의가 필요합니다.

⑨ 신고인 출석 여부

당사자 의사가 중요한 신고는 당사자 모두 출석하여 신고하는 것이 원칙입니다.

⑩ 제출인

당사자가 출석하지 못한 경우 신분증 원본 제시 또는 인감증명서(본인서명사실확인서)를 첨부하여 제출인이 제출할 수 있습니다.

혼인신고서 작성할 때 알면 유익한 내용

Q 배우자와 등록기준지가 다른데 누구의 등록기준지에서 혼인신고 하여야 하나요?

- 꼭 등록기준지에서 신고할 필요는 없습니다. 가까운 시(구)청, 읍사무소 또는 면사무소를 방문하여 혼인신고 할 수 있습니다.

Q 동사무소에서 혼인신고 할 수 있나요?

- 혼인신고는 동사무소에서 할 수 없습니다. 출생신고와 사망신고만 동사무소에서 가능합니다.

Q 혼인신고 시 두 사람 모두 출석하여야 하나요?

- 원칙적으로 두 사람 모두 신분증을 가지고 출석하여야 합니다.
- 그러나 한쪽이나 양 당사자가 불출석할 경우, 불출석 당사자의 신분증명서를 제시하거나 또는 신고서에 인감도장을 날인하고 인감증명서를 첨부하여야 합니다.

Q 혼인신고 시 증인이 꼭 필요한가요?

- 당사자 쌍방과 2인의 증인이 서명 또는 기명날인한 혼인신고서로 신고하여야 합니다.
- 증인은 당사자 쌍방의 신원과 상호간 혼인의사가 있다는 것을 증명하는 역할을 합니다. 성년이면 누구나 증인 자격이 있으므로 당사자의 혼인의사가 있다는 것을 확인할 수 있다면 부모, 외국인도 증인이 될 수 있습니다.

Q 자녀의 성 · 본을 모의 성 · 본으로 하는 협의는 무엇인가요?

- 혼인신고 시 자녀의 성 · 본을 모의 성 · 본으로 하는 협의를 할 경우, 둘 사이에서 태어나는 모든 자녀는 모의 성과 본을 따르게 됩니다.

Q 사귀던 사람과 백일기념으로 혼인신고 하였습니다. 지금은 헤어져서 혼인신고를 취소하고 싶습니다.

- 이미 수리되어 가족관계등록부에 기록된 혼인신고는 취소할 수 없습니다. 혼인무효소송 또는 이혼을 통해 정리하여야 합니다.

Q 혼인신고 하면 남편의 등록기준지로 아내의 등록기준지가 변경되나요?

- 별도로 등록기준지 변경 신고를 하지 않는 이상 남편의 등록기준지로 변경되지 않습니다.

Q 혼인신고 할 때 비용은 얼마인가요?

- 혼인신고 비용은 없습니다.

Q 외국처럼 아내가 남편의 성과 본을 따를 수 있을까요?

- 우리나라는 혼인으로 남편 또는 아내의 성과 본이 변경되지 않습니다.

Q 혼인일자를 혼인신고일이 아니라 결혼식이 있었던 날짜로 하고 싶습니다. 가능하나요?

- 불가능합니다. 혼인은 혼인신고를 접수한 날짜에 성립하므로 접수한 날짜가 혼인일자입니다.

02 배우자가 둘인 사람도 있다?

혼인은 법적으로 인정된 남녀의 결합입니다.

혼인은 영속적인 생활공동체를 위하여 법적으로 인정된 남녀의 결합으로 정신적·육체적 결합 의사가 있는 남녀가 자유로운 의사의 합치로 법률이 정한 방식에 따라 신고함으로써 성립합니다. 혼인신고가 수리되면 법적인 부부로, 혼인관계증명서를 통해 혼인 여부를 알 수 있습니다. 혼인한 부부는 동거·부양·정조의무 등을 지켜야 하며 배우자가 사망하면 상속인이 됩니다.

혼인의 방식은 국가별로 다릅니다.

혼인은 일정한 방식을 갖추어야 성립하는데, 혼인이 성립되는 방식은 국가별로 다릅니다. 프랑스에서는 시청에 혼인신고서를 접수하고 일정 기간 혼인 공고를 거친 후 시장 앞에서 혼인서약을 하면 혼인이 성립됩니다. 일부 이슬람 문화권에서는 부모가 작성한 결혼 계약서를 2인 이상의 증인 앞에서 확인을 받고, 관습에 따라 예배 절차를 진행하면 혼인이 성립합니다.

혼인신고를 하여야 법적인 부부입니다.

우리나라는 등록관서에 혼인신고를 하여 혼인신고가 수리될 때 혼인이 성립됩니다. 혼인이 성립되었음을 증명하는 것은 혼인관계증명서입니다. 법률에 정한 바에 따라 혼인신고를 하여 혼인이 성립되었으므로 법률혼이라 합니다. 결혼식을 거행하고 혼인서약서 등을 낭독하였다고 하더라도 등록관서에 혼인신고를 하지 않았다면 아직 법률상 부부는 아닙니다. 따라서 결혼식만을 거행하고 바로 신혼여행 중인 부부는 법적인 부부는 아닙니다.

중혼은 인정되지 않습니다.

혼인한 사람이 다시 혼인하는 것을 중혼이라고 합니다. 민법에 따르면 배우자가 있는 사람은 다시 혼인할 수 없고 중혼은 혼인 취소사유에 해당합니다. 등록관서 공무원은 배우자가 있는 사람이 다시 혼인신고를 한다면 이를 불수리하므로 중혼은 성립될 수 없습니다. 혼인한 사람이 다른 사람과 사실상 혼인관계에 있다면 이를 중혼적 사실혼 관계라고 하지만 혼인관계증명서에 기재된 배우자는 여전히 1명뿐입니다.

그럼에도 혼인관계증명서에 두 명의 배우자가 기재된 경우도 있습니다. 법에서 중혼할 수 없다고 하였음에도 혼인관계증명서에 중혼이 기재된 이유는 무엇일까요?

잘못된 호적을 이용해 다시 혼인한 경우입니다.

호적법에서는 혼인을 하면 호주 승계를 하는 장남 이외에는 기존 호적에서 제적되고 남자는 일가창립을, 여자는 남편의 호적에 입적하였습니다. 그러나 착오로 기존 호적에서 제적되지 않아 혼인한 사실의 기재가 누락되었음을 기화로 마치 미혼인 것처럼 다시 혼인한 경우도 있었습니다. 기존 호적에 혼인한 사실의 기재가 누락되었으므로 혼인신고를 접수한 공무원도 이미 혼인한 사실을 알 수 없어 이를 수리하여 중혼이 이루어지게 된 것입니다.

잘못된 호적과 가족관계등록부를 정리합니다.

이중호적을 가지고 중혼을 하였던 사람은 2개의 가족관계등록부가 작성되었고 각각의 가족관계등록부에 각각의 혼인 사실이 기록되므로 이를 정리하여 하나의 가족관계등록부에 이를 기록하여야 합니다.

아래는 중혼을 하였다가 정리된 경우 2명의 배우자가 기록된 혼인관계증명서(상세) 일부입니다.

중혼이 기재된 혼인관계증명서(상세) 일부

등록기준지	서울특별시 영등포구 의사당로 1

구분	성 명	출생연월일	주민등록번호	성별	본
본인	김중혼(金重婚)	1965년 01월 01일	650101-12345○○	남	○○

혼인사항

구분	성 명	출생연월일	주민등록번호	성별	본
배우자	전여인(全女人)	1966년 01월 01일	660101-23456○○	여	◇◇
배우자	현여인(玄女人)	1968년 01월 01일	680101-23456○○	여	▽▽

구분	상세내용
혼인	[신고일] 1986년 01월 20일 [배우자] 전여인
혼인	[신고일] 2005년 03월 21일 [배우자] 현여인

실종선고 취소로 배우자가 2명이 될 수도 있습니다.

실종선고는 사람이 주소지에서 5년간 거주하지 않고 생사가 불분명한 경우 이해관계인 등의 청구로, 실종 기간이 만료한 때 사망한 것으로 간주하는 법원의 심판을 말합니다. 사람이 사망한 것으로 보므로 상속이 진행되고 배우자는 재혼할 수 있습니다. 그러나 실종선고는 사망하였다는 사실이 확인된 것은 아니므로 실종선고를 받은 사람이 살아 있다면 실종선고를 취소합니다.

A와 B가 혼인한 후 B는 돈을 벌기 위해 타지로 떠나 10년이 지나도 돌아오지도 않고 연락도 없어 살아 있다는 어떠한 사실도 발견되지 않았습니다. 결국 B에 대한 실종선고로 B는 사망한 것으로 간주되었고, A는 C와 재혼을 하였습니다. 그러나 B가 살아 돌아와 실종선고가 취소되었고 B의 가족관계등록부도, A와 B의 혼인기록도 부활되었습니다. 따라서 A의 가족관계등록부에 B와 C가 배우자로 기록된 것입니다.

중혼의 가족관계등록부는 어떻게 정리할까요?

우리나라는 중혼을 인정하지 않지만 두 번째 혼인이 무효가 되는 것은 아닙니다. 민법에서는 혼인의 무효와 취소사유를 정하고 있는데, 중혼은 취소사유입니다. 따라서 첫 번째와 두 번째 혼인은 일단 모두 유효하게 봅니다.

다만 두 번째 혼인을 취소하라는 소송을 제기할 수 있으며 두 번째 혼인이 취소된다면 중혼은 해소됩니다. 또는 첫 번째 혼인의 배우자와 이혼해도 중혼은 해소됩니다.

03 사실혼도 있습니다.

혼인신고를 하지 않은 사실혼도 있습니다.

혼인의 의사로 동거 중이지만 혼인신고가 없다면 법률상으로 혼인은 성립하지 않습니다. 이러한 혼인을 법률혼과 구별하며 사실혼이라 합니다. 법률혼은 신고함으로써 효력이 발생하므로 가족관계등록부에 기록되지만, 사실혼은 사실상 배우자와 같은 지위에 있음에도 혼인신고가 없으므로 가족관계등록부에 배우자로 기록되지 않습니다.

사실혼 관계에 있는 사람도 법률혼과 같이 동거·부양·정조의무 등이 있고 이러한 의무를 위반하면 이에 대한 책임을 질 수도 있습니다. 그러나 법률상 배우자는 아니므로 사실혼 배우자가 사망하더라도 상속을 받을 수 없고 다른 사람과 법률혼을 하여도 중혼은 되지 않습니다.

사실혼보다 법률혼을 더 보호합니다.

배우자가 있음에도 다른 사람과 살고 있는 상태, 즉 두 집 살림을 법률적으로 중혼적 사실혼 관계라고 합니다. 혼인 중 다른 사람과 사실혼 관계에 있을 때 사실혼에도 혼인의 효력을 인정할 수 있는지에 대하여 판례는 법률혼이 사실상 이혼상태와 같은 특별한 사정이 없는 한, 사실혼 해소를 이유로 재산분할을 인정하지 않습니다. 법률혼과 사실혼이 충돌한다면 일반적으로 법률혼을 보호하고 사실혼은 보호받지 못합니다. 이는 불륜을 보호할 수 없으므로 당연한 결과일 것입니다.

사실혼 배우자는 상속인이 아닙니다.

사실혼 배우자가 사망하여도 상속인이 아니므로 상속을 받을 수 없습니다. 그러나 사실혼 배우자도 권리를 인정받을 수 있는 개별법 조항이 있습니다.

산업재해보상보험법에서는 사실혼 배우자가 산업재해로 사망한 경우 유족으로 인정받아 유족급여를 받을 수 있습니다. 국민연금법이나 군인연금법 등 각종 연금법에서 사실혼 배우자에게 연금 수급권을 인정하는 조항들이 있습니다. 주택임대차보호법에는 임차인이 상속인 없이 사망한 경우, 주택임차권을 승계할 수 있습니다.

사실혼 배우자가 연금 수급권을 인정받거나 주택임차권의 승계를 위해서는 사실혼 관계에 있었음을 증명하여야 합니다. 그러나 사실혼은 가족관계등록부에 기록되어 있지 않기 때문에 이를 인정받기 위해서는 '사실혼관계존재 확인의 소'를 제기하여야 합니다. 상속인과 사실혼 배우자가 상속재산을 둘러싼 다툼이 있는 경우, 사실혼 관계에 있다고 주장하는 사람을 상대로 '사실혼관계부존재 확인의 소'를 제기하기도 합니다.

소송에서 승소하면 일방이 혼인신고 할 수 있습니다.

사실혼 관계임에도 상대 배우자가 혼인신고에 협력하지 않으면 가정법원에 '사실혼관계존재 확인의 소'를 제기할 수 있습니다. 소송에서 승소한다면 당사자 일방이 판결문을 가지고 혼인신고를 할 수 있습니다. 다만 상대방 배우자가 살아 있을 때 신고하여야 합니다. 배우자가 사망하였다면 혼인신고는 수리될 수 없습니다.

사망한 사람과 혼인신고는 수리될 수 없음에도 위에서 본 바와 같이 연금 수급권 등을 위해서는 '사실혼관계존재 확인의 소'를 제기하여야 합니다.

04 죽은 사람과 혼인신고?

죽은 사람과도 혼인을 한다?

법은 다른 규정이 없다면 살아 있는 사람을 대상으로 하므로 사람은 살아 있는 동안 권리·의무의 주체입니다. 따라서 살아 있는 사람만 혼인할 수 있고, 사망한 사람 사이 또는 살아 있는 사람과 사망한 사람 사이에서 한 혼인은 당연 무효입니다.

혼인은 정신적·육체적 결합 의사를 가지는 남자와 여자의 자유로운 의사로 성립하므로 사망한 사람과 정신적·육체적 결합을 할 수 없음에 너무나 당연할 것입니다.

사망한 사람과 혼인을 한 사연입니다.

오랜 기간 동거한 사실혼 배우자가 사망하더라도 상속을 받을 수 없습니다. 또한 사망한 사실혼 배우자의 주택임차권 승계 등을 위해서는 사실혼임을 판결로 증명하여야 합니다. 이러한 문제를 일거에 해결하고자 이미 사망한 사람과 혼인신고를 하려는 사람도 있습니다.

예를 들어 보겠습니다. A와 B는 혼인하였다가 이혼하였음에도 같이 살면서 식당을 공동으로 운영하던 중 A가 갑자기 사망하였습니다. 상속인으로 A의 형제가 유일했고, B는 사실혼 관계인 자신은 상속인이 될 수 없음을 알게 되었습니다. A와 B가 혼인신고를 하였다면 B는 유일한 상속인으로 모든 법적 문제를 일거에 해결할 수 있음을 알게 되었습니다. 결국 억울한 마음에 B는 같이 살면서 소지하고 있던 A의 신분증과 B의 처지를 딱하게 여긴 친척들을 증인으로 하여 A에 대한 사망신고 전에 A와

B의 혼인신고를 먼저 하여 A와 B의 혼인사실이 기록되었습니다.

사망한 사람과 혼인이 기록될 수 있다?

혼인신고를 하면 등록관서 공무원은 당사자 중 사망한 자가 있는지 확인하고 혼인신고를 수리합니다. 그러나 이미 사망하였음에도 사망신고를 하지 않는 경우 등록관서 공무원은 사망사실을 알 수 없으므로 이를 수리하여 혼인사실을 기록합니다. 등록관서 공무원은 이후 사망신고가 접수되어 가족관계등록부에 사망사실을 기록할 때 이 사람이 혼인신고 전에 이미 사망하였음을 알게 되는 것입니다.

혼인이 무효일 경우 소송을 제기하여야 합니다.

민법에는 혼인의 합의가 없는 때나 8촌 이내의 혈족 사이에서의 혼인 등을 혼인무효사유로 정하고 있습니다.

혼인이 무효일 경우 법원에 혼인무효의 소를 제기하여 혼인무효 판결이 확정되면 무효의 혼인을 정리할 수 있습니다. 가정법원은 혼인무효의 소송을 통해 양 당사자의 혼인의 의사 등을 판단합니다.

그러나 혼인의 무효가 명백하다면 혼인무효소송까지는 필요 없을 것입니다. 이미 사망한 사람과 혼인은 당연 무효이므로 소송보다 절차가 간단한 등록부정정허가 결정으로 정리할 수 있습니다.

사망자와 혼인은 직권으로 말소할 수 있습니다.

그러나 당사자가 가정법원에 등록부정정허가를 신청하지 않고 무효의 혼인이 기록된 가족관계등록부를 이용하여 상속절차를 진행하고자 할 수도 있습니다. 이때에는 등록관서에서 감독법원의 허가를 얻어 해당 혼인기록을 직권으로 말소하여 상속 등에 악용할 수 없도록 할 수 있습니다.

무효가 명백하면 직권으로 말소할 수 있습니다.

한국인 A는 중국인 B와 진정으로 혼인할 의사가 없음에도 불구하고 중국인 B가 배우자 비자를 발급받아 한국에 입국하여 취업을 할 수 있도록 금전을 수수하고 혼인신고를 하였습니다. 이러한 사실이 발각되어 A는 공전자기록(가족관계등록부)에 불실의 사실을 기재하게 하였다는 범죄사실로 유죄판결을 받았습니다.

A의 유죄판결은 국가기관의 형사절차에 의해 혼인의 의사가 없는 무효가 명백한 혼인이었다는 사실이 밝혀진 경우라고 할 것이므로 A와 B의 혼인 무효를 다시 증명할 필요까지는 없어 보입니다. 따라서 소송보다 간이한 절차인 가정법원의 등록부정정허가 결정을 받아 혼인기록을 정리할 수 있습니다.

군인이 전사한 경우는 가능합니다.

사실상 혼인을 하였으나 미처 혼인신고를 못하였다가 한국전쟁 등으로 많은 군인들이 전사한 경우가 있었습니다. 전사한 분들의 배우자가 법률상 배우자가 아니라는 이유로 유족으로 인정받지 못하거나 유복자로 태어난 자녀는 혼인 외의 자녀로 출생신고를 할 수 밖에 없습니다.

생환하였으면 혼인신고를 할 의사가 있었던 전사한 군인들의 생전의사를 존중하고 유가족의 지위를 보장하기 위해 혼인신고특례법을 제정하였습니다. 특례법에 따라 전사한 분들의 배우자는 가정법원의 확인을 받아 단독으로 혼인신고를 할 수 있습니다.

05 혼인기록 삭제도 가능한가요?

혼인 기록을 지우고 싶습니다.

예전에 친구처럼 지내던 남자와 장난으로 혼인신고를 하였다가 아버지에게 들켜 혼나고 혼인무효판결을 통해 가족관계등록부에 혼인이 무효라는 사실이 기록되었습니다. 그 남자를 사랑한 적도, 같이 살았던 적도 없었습니다. 이제 진정으로 혼인하고 싶은 사람을 만나 혼인신고를 하고자 합니다만 예전 혼인기록이 남아있어 이를 해명하기가 곤란하여 괴롭습니다. 이 기록을 지울 수 없을까요?

혼인이력은 혼인관계증명서(상세)로 알 수 있습니다.

안타까운 일입니다. 취중에 혼인을 약속하고 다음날 혼인신고를 하였다가 후회하는 사람들도 있습니다. 장난이나 취중에 한 혼인이라도 혼인이 무효임을 확인하고자 할 때는 소송이 필요합니다. 혼인무효소송을 통해 진정한 혼인이 아님을 확인받았다면 이 판결문을 가지고 혼인이 무효임을 기록할 수 있습니다. 그러나 혼인한 사실, 혼인이 무효인 사실 모두 가족관계등록부에 기록되어 있으므로 혼인관계증명서(상세)를 통해 이를 알 수 있습니다.

예전에 호적에 빨간 줄을 긋는다는 말도 있었습니다. 물론 가족관계등록부에 빨간 줄을 긋는 제도는 없습니다만 무언가 잘못을 하여 전과라도 생기면 평생의 짐이 된다는 경고성 말이었을 것입니다. 다른 취지이지만 한번 가족관계등록부에 기록된 내용은 삭제할 수 없는 것이 원칙입니다.

무효의 혼인기록도 증명하여야 합니다.

혼인은 양 당사자가 정신적·육체적 결합의사를 가지고 신고하여야만 성립합니다. 예를 들어 외국인이 취업을 위한 체류 목적으로 한국인과 혼인신고를 하였을 뿐 동거를 하거나 만난 적도 없다면 이 혼인은 정신적 · 육체적 결합의사가 없으므로 무효입니다. 무효의 혼인은 처음부터

혼인무효가 기재된 혼인관계증명서(상세) 일부

등록기준지	서울특별시 영등포구 의사당로 1

구분	성 명	출생연월일	주민등록번호	성별	본
본인	최유명(崔有名)	1990년 01월 01일	900101-12345○○	남	○○

혼인사항

구분	성 명	출생연월일	주민등록번호	성별	본
기록할 사항이 없습니다.					

구분	상세내용
혼인	[신고일] 2018년 03월 20일 [배우자] 사생팬 [배우자의 주민등록번호] 890101-23456○○ [처리관서] 서울특별시 서초구
정정	[혼인무효판결확정일] 2021년 12월 20일 [판결법원] ○○가정법원 [배우자] 사생팬 [배우자의 주민등록번호] 890101-23456○○ [신청인] 최유명 [정정일] 2021년 12월 30일 [정정내용] 2018년 03월 20일자 혼인신고사유 말소 [처리관서] 서울특별시 서초구

사생팬과의 혼인은 혼인무효판결로 처음부터 혼인이 성립되지 않는 것으로 보지만 이러한 사실은 기록하여 증명하여야 합니다.

혼인한 사실이 없는 것과 같습니다만 당사자 사이에 이러한 관계가 있었다는 사실은 기록으로 남겨서 증명하여야 합니다. 혼인을 둘러싼 손해배상, 외국인의 비자관계 등 혼인무효를 둘러싸고 발생할 수 있는 법률관계가 남아 있기 때문입니다.

무효의 혼인기록을 삭제하는 방법은 있습니다.

가족관계등록부에 기록된 내용에 대해 삭제할 수 있는 절차가 있는데 이를 '가족관계등록부 재작성'이라고 합니다. 이는 가족관계등록부 기록을 그대로 존치하여 공시하는 것이 사회통념상 이해관계인에게 현저히 부당하여 가족관계등록부를 다시 작성하여야 할 사유가 있을 때 할 수 있습니다.

여기서 사회통념상 이해관계인에게 현저히 부당한 경우란 해당 한쪽 당사자나 제3자의 범죄행위로 기록된 경우로 한정됩니다. 한번 가족관계등록부에 기록된 내용은 삭제할 수 없다는 원칙의 예외이기 때문입니다.

범죄피해자라면 재작성이 가능합니다.

나의 신분증도 있어야 하고 증인 2명도 회유해야 하는 등 가능성은 극히 낮습니다만 나를 짝사랑하는 사람이 나 몰래 혼인신고를 하였다고 가정합시다. 이러한 혼인기록은 무효의 혼인으로 기록될 것이며 혼인신고를 한 사람은 형사처벌을 받을 것입니다.

이 혼인기록은 상대방의 범죄행위로 기록된 것으로 나의 의사와 무관하므로 나에게 책임이 있는 것도 아닙니다. 오히려 범죄 피해로 억울하게 기록된 내용일 뿐입니다. 그럼에도 가족관계등록부의 기능을 위해 이마저도 공적으로 기록하고 증명해 주어야 할까요? 아니면 개인정보 내지 사생활의 비밀에 관한 가치를 우선으로 보호해 주어야 할까요?

이런 경우 재작성이 가능하다고 보아야 할 것입니다.

이처럼 재작성은 혼인무효, 입양무효가 한쪽 당사자나 제3자의 범죄행위로 인한 것이거나 공무원의 실수로 엉뚱한 사람과 혼인한 것으로 기록된 경우와 같이 아주 예외적인 경우에 가능합니다.

본인의 책임이 있으면 불가능합니다.

친구처럼 지내던 남자와 장난으로 혼인신고를 하였다가 혼인이 무효라고 기록된 내용은 한쪽 당사자나 제3자의 범죄행위로 인한 경우가 아니므로 재작성은 할 수 없습니다. 안타깝지만 결혼 상대방에게 사실대로 말하고 이해를 구하는 것이 최선의 방법으로 보입니다.

06 이혼은 법원이 관여합니다.

이혼으로 부부의 권리의무는 소멸됩니다.

혼인은 이혼으로 해소되고 부부 사이의 동거·부양·정조의무도 소멸됩니다. 재산이 있다면 재산분할을 하여야 하고, 미성년자 자녀가 있는 경우 친권과 양육문제도 결정하여야 합니다.

이혼을 하면 혼인관계증명서나 가족관계증명서의 특정등록사항란에 종전 배우자는 기재되지 않습니다. 그러나 혼인관계증명서의 일반등록사항란에 혼인과 이혼, 종전 배우자가 기재되므로 본인의 혼인이력은 알 수 있습니다.

그러나 배우자가 사망하여도 생존 배우자가 재혼하지 않은 이상 인척관계가 남기 때문에 혼인관계증명서에 사망한 배우자가 기재됩니다.

다음 장은 배우자와 이혼한 경우와 사망한 경우의 혼인관계증명서(상세)의 일부입니다.

혼인관계증명서(상세)

등록기준지	서울특별시 영등포구 의사당로 1

구분	성 명	출생연월일	주민등록번호	성별	본
본인	김본인(金本人)	1990년 01월 01일	900101-12345○○	남	○○

혼인사항

구분	성 명	출생연월일	주민등록번호	성별	본
배우자	현부인(玄夫人) 사망	1991년 01월 01일	910101-23456○○	여	▽▽

구분	상세내용
혼인	[신고일] 2018년 03월 20일 [배우자] 전부인 [배우자의 주민등록번호] 890101-23456○○ [처리관서] 서울특별시 서초구
이혼	[협의이혼사건번호] 서울○○법원 2021호협○○ [협의이혼신고일] 2021년 12월 20일 [배우자] 전부인 [배우자의 주민등록번호] 890101-23456○○ [처리관서] 서울특별시 서초구
혼인	[신고일] 2023년 03월 02일 [배우자] 현부인 [배우자의 주민등록번호] 910101-23456○○ [처리관서] 서울특별시 서초구
기타	[배우자의 사망일] 2025년 11월 01일 [배우자] 현부인 [처리관서] 서울특별시 서초구

- '전부인'과의 혼인과 이혼 기록은 상세증명서에 기재됩니다.
- '현부인'은 사망하더라도 특정등록사항란에 여전히 배우자로 기재됩니다.

협의이혼 절차입니다.

이혼은 협의 또는 재판으로 할 수 있습니다. 2024년도 협의이혼은 74,734건, 재판상 이혼은 19,086건으로 협의이혼이 재판이혼에 비해 약 4배가 많습니다.

협의이혼은 당사자들이 이혼을 하겠다는 의사가 일치할 때 하게 됩니다. 당사자들은 등록기준지나 주소지를 관할하는 가정법원에 협의이혼 의사확인신청서를 제출합니다.

미성년인 자녀가 없으면 1개월, 있으면 3개월의 숙려기간을 거쳐 확인기일에 출석하여 가정법원의 확인을 받습니다. 가정법원은 당사자들이 협의이혼 의사가 있는지 확인을 한 후 확인서 등본을 당사자들에게 교부합니다.

당사자들은 확인서 등본을 교부 받은 후 3개월 이내에 이혼신고를 하여야 합니다. 만약 3개월 내에 이혼신고를 하지 않는다면 이미 받은 협의이혼의사 확인서는 효력을 상실하게 되며, 협의이혼을 하려면 처음부터 절차를 다시 밟아야 합니다.

재판상 이혼절차입니다.

재판상 이혼은 배우자 중 일방에게 부정한 행위 등 민법에서 정한 이혼사유가 있는 경우에 가정법원에 이혼을 청구할 수 있습니다. 재판에 의한 이혼판결이 확정되면 이혼은 성립됩니다. 다만 해당 내용을 가족관계등록부에 기록하여야 하므로 재판 확정일로부터 1월 이내에 재판서의 등본과 확정증명서를 첨부하여 이혼신고를 하여야 합니다.

친권자와 양육자를 지정하여야 합니다.

부부가 이혼을 할 때 미성년 자녀가 있는 경우 친권자와 양육자를 지정하여야 합니다. 부부가 혼인 중일 경우는 부부가 공동으로 친권을 행사하지만 이혼할 경우 친권자와 양육자를 정하여야 합니다. 물론 이혼한 경우에도 공동으로 친권을 행사할 수도 있습니다.

양육비를 부담하고 면접교섭권도 있습니다.

이혼할 때 자녀를 양육하지 않는 부모는 자녀를 볼 수 있는 기회인 면접교섭권을 가집니다. 면접교섭권은 부모의 권리이기도 하지만 미성년 자녀와 부모가 이혼 후에도 유대관계를 형성하여 올바로 성장할 수 있도록 도와주는 중요한 역할을 하므로 자녀의 권리이기도 합니다. 따라서 부모의 관계가 악화되었다고 이를 함부로 제한할 수 없습니다.

또한 양육하지 않는 부모는 자녀의 양육비를 부담하여야 합니다. 양육비는 자녀의 성장에 매우 중요한 경제적 기반이 되므로 이를 이행하지 않을 때에는 양육비를 강제하기 위해 각종 제도를 마련해 두고 있습니다.

양육비이행관리원(www.child support.or.kr)에서 양육비 이행관련 안내 및 정보 제공을 하고 있으므로 참조하시기 바랍니다.

07 부모의 권리이자 의무인 친권

친권은 부모의 권리이자 의무입니다.

친권은 미성년인 자녀의 양육과 감독 및 보호, 재산관리를 적절히 함으로써 자의 복리를 확보하기 위한 부모의 권리이자 의무의 총체를 말합니다.

혼인 중에는 부모가 함께 친권을 행사하게 됩니다.

이혼하면 친권자를 정합니다.

자녀의 입장에서 사랑하는 엄마와 아빠가 평생 행복하게 살면 좋겠지만 부모가 각자의 삶을 살기로 하여 이혼한다면 미성년 자녀에 대해 친권자와 양육자를 정하여야 합니다.

부모가 이혼하거나 혼인 외의 자를 부가 인지한 경우에도 친권자를 정하여 미성년 자녀의 복리를 위태롭지 않도록 해야 합니다.

미성년 자녀를 단순한 양육과 복종의 대상으로 인식을 하였던 적도 있지만 미성년 자녀의 복리가 무엇보다도 중요하다고 인식하게 되면서 부부간의 이혼에서 자녀에 대한 친권이 부모의 중요한 권리이자 의무로 받아들여지고 있습니다.

친권자 지정 또는 변경의 방법입니다.

부모의 혼인 중에는 부모가 함께 친권을 행사하므로 친권자를 지정할 필요가 없습니다.

그러나 부모가 협의이혼을 할 경우에는 부모가 협의하여 정하거나 협의가 안 될 경우 가정법원에 친권자 지정 심판 청구를 하여야만 합니다. 또한 재판상 이혼을 할 경우 가정법원에서 직권으로 친권자를 정하도록 되어 있습니다.

혼인 외에서 태어난 자녀는 모가 친권자가 되지만, 부가 인지한 경우에는 부모가 서로 협의해서 친권자를 정하거나 협의가 되지 않을 경우 가정법원에 친권자 지정 심판 청구를 하여야 합니다.

친권자를 정하면 미성년 자녀의 가족관계등록부에 친권자를 기록하게 되며 친권자는 미성년 자녀의 기본증명서(상세)를 통하여 확인할 수 있습니다.

이렇게 정하여진 친권자가 친권행사를 할 수 없는 사정이 발생하면 가정법원에 친권자 변경을 청구하여야 합니다. 친권자 변경은 당사자들의 협의로 할 수 없고 반드시 가정법원의 심판이 필요합니다.

친권자가 없는 경우 미성년후견인을 선임합니다.

친권자인 부모가 모두 사망하거나 친권을 상실하여 친권자가 없는 경우 미성년 자녀의 복리를 위해 미성년후견인을 선임하여야 합니다.

미성년후견인은 친권자와 같은 역할을 담당합니다. 미성년후견인은 친권자와 같이 미성년자를 양육하고 재산관리를 하므로 그 권한을 제한할 수 없고, 양육에 있어 분쟁을 방지하기 위해 1명을 선임하는 것이 원칙입니다.

미성년후견인도 친권자와 마찬가지로 미성년 자녀의 기본증명서(상세)를 통하여 확인할 수 있습니다.

친권자 기록은 삭제할 수 없습니다.

기본증명서에 친권자 지정과 관련된 기록이 있다는 것은 부모가 이혼하였다는 사실을 간접적으로 알려주기 때문에 성년이 된 후 친권기록의 삭제를 원하는 분들이 있습니다. 그러나 친권자 기록은 미성년자의 법정대리인을 표시하는 것으로 법정대리권을 둘러싼 분쟁이 발생할 수도 있으므로 이를 삭제할 수 없는 것이 원칙입니다.

기본증명서(상세) 일부

구분	성 명	출생연월일	주민등록번호	성별	본
본인	전중일(全中一)	2019년 01월 01일	190101-3234500	남	◇◇

일반등록사항

구분	상세내용
출생	[출생장소] 제주특별자치도 제주시 남광북5길 3 [신고일] 2019년 01월 31일 [신고인] 부 [처리관서] 제주특별자치도 제주시
친권	[친권자지정협의일] 2021년 11월 10일 [친권자지정효력발생일] 2021년 12월 20일 [친권자 모] 전부인 [신고일] 2021년 12월 20일 [신고인] 부모 [처리관서] 서울특별시 서초구

제 5 장

가족관계등록과 사망신고, 입양신고

1. 사망신고서 작성방법
2. 사망은 모두에게 중대한 사건입니다.
3. 입양신고서와 작성방법
4. 양자를 키울 자격은?

01 사망신고서 작성방법

사망신고서 양식

사망신고서 (　　년　　월　　일)	※ 신고서 작성 시 뒷면의 작성 방법을 참고하고, 선택 항목에는 '영표(○)'로 표시하기 바랍니다.

① 사망자	성명	*한글	김양부	성별	*주민등록번호	630101-12345○○
		한자	金養父	1남 2여		
	등록기준지		서울특별시 영등포구 여의도동 1번지			
	*주소		인천광역시 미추홀구 소성로163번길 17, ○○호		세대주·관계	세대주의 본인
	*사망 일시		2024년 12월 01일 22시 17분 (사망지 시각: 24시각제로 기재)			
	*사망 장소	장소	인천광역시 미추홀구 소성로163번길 17, ○○호			
		구분	1 주택 3 사회복지시설(요양원, 양로원, 아동양육시설, 장애인거주시설 등) 5 도로 7 산업장 9 병원 이송 중 사망 10 기타(　　　　)	2 의료기관(병원, 요양병원 등) 4 공공시설(학교, 운동장 등) 6 상업·서비스시설(상점, 호텔 등) 8 농장(논밭, 축사, 양식장 등)		
② 기타 사항						
③ 신고인	*성명		김본인　(서명 또는 날인)		주민등록번호	900101-12345○○
	*자격		1 동거친족 2 비동거친족 3 동거자		*관계	자녀
			4 기타(보호시설장/사망장소관리자 등)			
	주소		서울특별시 양천구 신월로 386, ○○호		*휴대전화번호 등	010-1004-5009
					이메일	○○○@korea.com
④ 제출인	성명				주민등록번호	-

작성 TIP

① 사망자

〈성명/성별/주민등록번호/등록기준지/주소〉
인적사항을 기재합니다.

〈사망 일시/사망 장소〉
사망진단서에 기재된 내용에 따라 적으면 됩니다.
사망일시는 상속의 중요한 기준이 됩니다.

③ 신고인

동거친족은 사망신고 의무자입니다. 사망 사실을 안 날로부터 1개월 이내에 사망신고를 하지 않으면 사망신고 의무자는 과태료 제재를 받을 수 있습니다.
비동거친족, 동거자, 사망장소를 관리하는 사람도 사망신고를 할 수 있습니다.

사망신고서 작성할 때 알면 유익한 내용

신고인 중 동거자는 누구를 말하나요?

- 사실상 동거하는 사람을 의미합니다. 주민등록상 동거인으로 되어 있지 않더라도 동거하고 있다는 것을 등록관서에 소명할 수 있으면 신고할 수 있습니다.

사망신고는 어디서 해야 하나요?

- 가까운 시청, 구청, 읍사무소, 면사무소, 동사무소에서 할 수 있습니다. 다만 동사무소는 사망자의 주민등록지 동사무소를 의미합니다.

사망진단서가 없는데 사망신고가 가능한가요?

- 인우인 2명 이상이 작성한 증명서로 사망신고를 할 수 있습니다.
- 사망증명서를 작성할 수 있는 증명인은 사망자의 사망사실을 알고 있는 사람으로서 사망한 사실을 직접 목격하거나 사망자의 시신을 확인한 사람이어야 하므로 사망자의 사망 당시에 11세 내지 12세였고, 사망자의 사망사실을 직접 목격하거나 시신을 확인한 바 없이 남에게 들어서 알고 있는 사람은 사망증명서를 작성할 수 없습니다.

사망신고는 언제까지 해야 하나요?

- 사망의 사실을 안 날부터 1개월 이내 신고하여야 합니다.

동거자가 사망의 사실을 안 날로부터 1개월 후 사망신고를 하는 경우에도 과태료를 내야 하나요?

- 비동거친족이나 단순한 동거자는 사망신고를 할 수 있지만 사망신고 의무자는 아니므로 과태료를 내지 않습니다.

사망신고 처리기간이 궁금합니다.

- 시(구) · 읍 · 면사무소와 같이 가족관계등록사무를 처리하는 곳에 접수한 경우 보통 7일 이내로 처리됩니다. 동사무소에 접수한 경우 신고서류를 받아 가족관계등록사무를 처리하는 곳에 송부하므로 조금 더 시간이 걸릴 수 있습니다.

사망진단서를 분실하였는데 사본으로 사망신고 할 수 있을까요?

- 사망진단서 사본으로는 사망신고를 할 수 없습니다.

02 사망은 모두에게 중대한 사건입니다.

사망은 모두에게 중대한 사건입니다.

사람이 가장 피하고 싶은 것이 죽음이겠지만 누구도 피해갈 수 없는 것이 죽는다는 사실일 것입니다. 사람은 오직 생존한 동안 권리·의무의 주체가 되므로 사망으로 인해 모든 권리·의무가 종료됩니다. 그중 재산과 같이 상속이 가능한 것은 상속인이 권리·의무를 승계하게 됩니다.

사람이 죽는다는 것은 본인에게도 가족과 사회적으로도 매우 중대한 일이므로 이를 공적인 가족관계등록부에 기록하여 이를 명확히 하여야 합니다.

신고의무자와 신고기간

사망신고 의무자는 사망자와 동거하는 친족입니다. 사람이 사망한다면 같이 사는 가족이 이를 가장 먼저 알게 될 것이므로 동거하는 친족을 사망신고 의무자로 한 것입니다. 또한 신고의무자는 사망의 사실을 안 날부터 1개월 이내 신고를 하여야 하며 이 기간을 경과하면 과태료의 제재를 받을 수 있습니다.

동거하는 친족이 없다면 동거하지 않는 친족 등이 사망신고를 할 수 있습니다. 이들은 신고할 수 있는 자격은 있지만 의무는 없으므로 과태료 제재는 없습니다.

신고의무자가 없는 경우

보호시설에서 사망한 경우, 가족도 동거인도 없다면 누가 사망신고를 해야 할까요?

이때는 사람이 사망한 것을 정확하게 알고 있는 사망한 장소를 관리하는 사람이 사망신고를 하여야 합니다. 만일 시설이 아닌 곳에서 사망한 노숙자는 사망 장소의 이장과 동장이 사망신고를 할 수도 있습니다.

가족이 없거나 보호시설에 입소하지 않아 보호받지 못한 사람을 무연고자라 합니다. 시장 등은 관할 구역 안에서 무연고 사망자가 발견되면 법에 따라 장례의식을 행한 후 일정 기간 매장하거나 화장하여 봉안하여야 합니다. 또한 시장 등은 무연고 사망자의 가족관계등록부에 사망기록을 위해 사망지·매장지 또는 화장지의 시·읍·면의 장에게 사망사실을 통보하면 통보를 받은 시·읍·면의 장은 가족관계등록부에 사망사실을 기록합니다.

사망신고는 진단서 등을 첨부합니다.

사망신고는 진단서나 검안서 또는 사망의 사실을 증명할 만한 서면을 첨부하여야 합니다. 병원 밖에서 사망하거나 시신이 없어 사망진단서를 발급받을 수 없을 때에는 국내 또는 외국의 권한 있는 기관에서 발행한 사망사실을 증명하는 서면, 군인이 전투 그 밖의 사변으로 사망한 경우에 부대장 등이 사망 사실을 확인하여 그 명의로 작성한 전사확인서 등을 첨부하여 사망신고를 할 수 있습니다.

사망진단서가 없다면?

진단서나 검안서 또는 사망의 사실을 증명할 만한 서면이 없는 경우에는 인우인 2명 이상이 증명서를 작성하여 사망신고를 할 수 있습니다.

인우인의 증명서는 사망진단서보다 신뢰도가 높지 않습니다. 따라서 인우인은 사망 당시 사망을 이해할 수 있는 나이에 있던 사람이 그 사망을 목격하거나 시신을 확인한 사람이 작성한 경우에만 인정합니다. 사망하였다는 사실을 들어서 알게 된 사람이 증명서를 작성하였다면 그 증명서로 사망신고를 할 수 없습니다.

예를 들어 할아버지가 돌아가셔서 상속등기를 할 때, 아주 어렸을 때 돌아가신 것으로 알고 있는 큰아버지의 사망신고가 되어 있지 않은 것을 발견하였다면 지금이라도 사망신고를 하여야 합니다. 그러나 사망진단서 등을 첨부하기 어려울 것이므로 큰아버지의 사망을 목격한 친척들의 인우보증서를 첨부하여 사망신고를 하여야 할 것입니다.

인우인도 없다면?

장기간 생사가 불명한 사람은 사망여부가 불분명하므로 인우보증서로 사망신고를 할 수 없습니다. 이때에는 법원에서 실종선고를 받아야 합니다.

5년 이상 생사가 불명확한 경우 이해관계인 등의 신청으로 가정법원이 실종선고를 하면 그 사람은 사망한 것으로 간주합니다. 실종선고를 가족관계등록부에 기록하면 상속과 같은 법률문제를 해결할 수 있습니다.

예를 들어 할아버지가 돌아가셔서 상속등기를 할 때, 20대에 돈을 벌기 위해 타지로 간 작은아버지가 있었으나 작은아버지를 아무리 수소문하여도 소식을 알 수 없었습니다. 이러한 경우 실종선고를 받아야 합니다.

그러나 실종선고는 사망한 사실이 확인된 것은 아니므로 생존한 사실이나 사망으로 간주되는 일자와 다른 일자에 사망한 것으로 확인되면 실종선고는 취소될 수 있습니다.

이북지역 거주자는?

군사분계선 이북지역 거주자에 대해서 가족관계등록부가 작성되어 있는 사람이 있습니다. 이들은 사망진단서를 발급 받을 수도 없고 사망 사실을 목격한 인우보증인도 없을 것입니다. 또한 언제까지 생존해 있었는지 증명할 수도 없으므로 실종선고도 받을 수 없습니다.

이러한 군사분계선 이북지역 거주자에 대해서 부재선고를 받는 절차가 있습니다. 가정법원에서 부재선고를 받는다면 상속 및 혼인에 있어서 사망한 것으로 간주하므로 상속이 발생하고 배우자는 재혼할 수 있습니다.

사망사실이 기재된 기본증명서(상세) 일부

등록기준지	서울특별시 영등포구 의사당로 1

구분	상세내용
작성	[가족관계등록부작성일] 2008년 01월 01일 [작성사유] 가족관계의 등록 등에 관한 법률 부칙 제3조제1항
폐쇄	[폐쇄일] 2024년 12월 31일 [폐쇄사유] 사망

구분	성 명	출생연월일	주민등록번호	성별	본
본인	김양부(金養父) 사망	1963년 01월 01일	630101-1234500	남	△△

일반등록사항

구분	상세내용
출생	[출생장소] 서울특별시 영등포구 여의도동 1번지 [신고일] 1963년 01월 31일 [신고인] 부
사망	[사망일시] 2024년 12월 01일 22시 17분 [사망장소] 인천광역시 미추홀구 소성로163번길 17, ○○호 [신고일] 2024년 12월 31일 [신고인] 비동거친족 김본인 [처리관서] 서울특별시 서초구

03 입양신고서 작성방법

입양신고서 양식

<table>
<tr><td colspan="2">입양신고서
(년   월   일)</td><td colspan="8">※ 신고서 작성 시 뒷면의 작성 방법을 참고하고, 선택 항목에는 '영표(○)'로 표시하기 바랍니다.</td></tr>
<tr><td colspan="2">구분</td><td colspan="4">양부</td><td colspan="4">양모</td></tr>
<tr><td rowspan="5">① 양친</td><td rowspan="3">성명</td><td>한글</td><td>김본인</td><td>본(한자)</td><td>○○</td><td>한글</td><td></td><td>본(한자)</td><td></td></tr>
<tr><td>한자</td><td>金本人</td><td>출생연월일</td><td>1990. 1. 1.</td><td>한자</td><td></td><td>출생연월일</td><td></td></tr>
<tr><td colspan="2">주민등록번호</td><td colspan="2">900101-12345○○</td><td colspan="2">주민등록번호</td><td colspan="2"></td></tr>
<tr><td>등록기준지</td><td colspan="4">서울특별시 영등포구 의사당로 1</td><td colspan="4"></td></tr>
<tr><td>주소</td><td colspan="4">서울특별시 양천구 신월로 386, ○○호</td><td colspan="4"></td></tr>
<tr><td rowspan="4">② 양자</td><td rowspan="2">성명</td><td>한글</td><td>윤양자</td><td>본(한자)</td><td>◎◎</td><td colspan="2">주민등록번호</td><td colspan="2">150101-3456○○</td></tr>
<tr><td>한자</td><td>尹養子</td><td>성별</td><td>①남 ②여 (① 표시)</td><td colspan="2">출생연월일</td><td colspan="2">15. 01. 01.</td></tr>
<tr><td>등록기준지</td><td colspan="8">울산광역시 남구 문수로 435</td></tr>
<tr><td>주소</td><td colspan="8">서울특별시 양천구 신월로 38공란6, ○○호</td></tr>
<tr><td colspan="2" rowspan="4">③ 양자의 친생부모</td><td rowspan="2">부</td><td rowspan="2">성명</td><td rowspan="2">윤아빠</td><td colspan="2">등록기준지</td><td colspan="3">울산광역시 남구 옥동 1148</td></tr>
<tr><td colspan="2">주민등록번호</td><td colspan="3">880101-1234○○</td></tr>
<tr><td rowspan="2">모</td><td rowspan="2">성명</td><td rowspan="2">전부인</td><td colspan="2">등록기준지</td><td colspan="3">울산광역시 남구 옥동 1148</td></tr>
<tr><td colspan="2">주민등록번호</td><td colspan="3">890101-23456○○</td></tr>
<tr><td colspan="3">④ 기타 사항</td><td colspan="7"></td></tr>
</table>

<table>
<tr><td colspan="3">⑤ 입양허가법원</td><td colspan="3">○○가정법원</td><td>허가일자</td><td>2018년 05월 20일</td></tr>
<tr><td rowspan="5">⑥ 동의자</td><td>부</td><td>성명</td><td colspan="5">(서명 또는 날인)</td></tr>
<tr><td>모</td><td>성명</td><td colspan="5">(서명 또는 날인)</td></tr>
<tr><td colspan="3">부모 동의를 갈음하는 심판 법원</td><td colspan="2"></td><td>심판일자</td><td>년 월 일</td></tr>
<tr><td colspan="3">부모의 동의를 받을 수 없는 사유</td><td colspan="4"></td></tr>
<tr><td colspan="2">양자의 배우자</td><td colspan="2">(서명 또는 날인)</td><td>주민등록번호</td><td colspan="2">-</td></tr>
<tr><td rowspan="10">⑦ 신고인</td><td rowspan="2">양부</td><td colspan="4">김본인 (서명 또는 날인)</td><td>전화</td><td></td></tr>
<tr><td>이메일</td><td></td></tr>
<tr><td rowspan="2">양모</td><td colspan="4">(서명 또는 날인)</td><td>전화</td><td></td></tr>
<tr><td>이메일</td><td></td></tr>
<tr><td rowspan="2">양자</td><td colspan="4">(서명 또는 날인)</td><td>전화</td><td></td></tr>
<tr><td>이메일</td><td></td></tr>
<tr><td rowspan="4">법정 대리인</td><td rowspan="2">1 부모</td><td>부</td><td colspan="2">(서명 또는 날인)</td><td>전화</td><td></td></tr>
<tr><td>모</td><td colspan="2">전부인 (서명 또는 날인)</td><td>이메일</td><td></td></tr>
<tr><td colspan="2" rowspan="2">2후견인</td><td colspan="2" rowspan="2">(서명 또는 날인)</td><td>전화</td><td></td></tr>
<tr><td>이메일</td><td></td></tr>
<tr><td colspan="3">⑧ 신고인 출석 여부</td><td colspan="5">1 양부 2 양모 3 양자 4 법정대리인(①부 ②모 ③후견인)</td></tr>
<tr><td colspan="2">⑨ 제출인</td><td>성명</td><td colspan="2"></td><td>주민등록번호</td><td colspan="2">-</td></tr>
</table>

작성 TIP

1 양친

입양하는 부모의 인적사항을 기재합니다. 양친이 혼인 중 일 때 부부가 함께 입양하여야 합니다. 배우자가 없는 경우 단독입양도 가능합니다.

2 양자

양자의 인적사항을 기재합니다.

3 양자의 친생부모

입양시 부모의 동의가 필요합니다. 자녀의 가족관계증명서의 부모를 기재합니다.

5 입양허가법원

미성년자를 입양하려면 가정법원의 허가가 있어야 합니다. 그러나 가정법원의 허가를 받더라도 입양신고를 하지 않는다면 입양은 성립하지 않습니다.

6 동의자

부모와 양자의 배우자에 동의를 받아야 합니다. 부모가 정당한 이유없이 동의를 거부하는 경우 가정법원의 심판을 청구 할 수 있습니다.

입양신고서 작성할 때 알면 유익한 내용

Q 조모가 손녀를 입양할 수 있을까요?

- 존속이나 연장자는 입양할 수 없습니다. 그러나 손주나 조카를 입양함에 있어서 법률상 제한은 없습니다만 양자가 미성년자일 경우 가정법원의 허가가 필요합니다.

Q 아버지가 가출하여 주민등록이 말소되었습니다. 그래도 아버지의 입양 동의가 필요한가요?

- 부모의 소재를 알 수 없는 등의 사유가 있는 때 그 사유에 대한 소명자료를 제출하여 동의 없이 입양이 가능합니다.

Q 부모 동의를 갈음하는 심판이란 무엇인가요?

- 성년자를 입양할 때 부모가 정당한 이유 없이 동의를 거부하는 경우 가정법원의 심판으로 부모의 동의를 갈음할 수 있습니다.

Q 입양신고서에 배우자의 동의가 꼭 필요한가요?

- 배우자가 있는 사람은 배우자의 동의를 받아야만 양자가 될 수 있습니다.

04 양자를 키울 자격은?

입양은 합의와 동의가 필요합니다.

입양은 출생에 의해서가 아니라 법률에 정한 절차에 따라 원래는 부모·자녀가 아닌 사람 사이에 부모·자녀 관계를 형성하는 것을 말합니다. 따라서 입양을 가슴으로 아이를 낳는 일이라고도 합니다.

입양이 성립하기 위해서는 양부모와 양자가 될 사람 사이에 입양에 관한 합의가 있어야 합니다. 양자가 될 사람이 13세 이상의 미성년자인 경우에는 법정대리인의 동의를 받아 입양을 승낙하고, 13세 미만인 경우에는 법정대리인이 미성년자를 대신하여 입양을 승낙합니다. 그리고 입양은 양자가 될 사람의 부모의 동의도 필요합니다.

입양은 이렇듯 법이 정한 절차에 따라 양부모와 양자의 합의, 양자의 부모 동의로 성립하는 법정 친자관계입니다.

존속이나 연장자는 입양할 수 없습니다.

성인이 되어야만 부모로서 자녀를 입양할 수 있습니다. 그러나 성인이라도 존속(부모나 조부모, 삼촌, 고모 등)이나 연장자를 양자로 할 수 없습니다. 연장자나 존속을 자녀로 하는 것은 있을 수 없기 때문일 것입니다. 반대로 손주나 조카를 양자로 삼거나 동갑을 입양하는 것은 금지하고 있지 않습니다.

부부는 함께 입양해야 합니다.

부부는 배우자와 공동으로 입양하여야 하고, 양자가 되려는 사람이 혼인 중일 경우에는 배우자의 동의를 얻어야 합니다. 입양은 혼인생활에 중대한 영향을 미치고 배우자만의 부모·자녀 관계가 새롭게 형성되는 것은 가족질서에 있을 수 없기 때문일 것입니다.

그러나 재혼한 부부가 상대방 배우자의 자녀를 입양하려는 경우, 상대방 배우자와 자녀는 이미 부모자식이므로 단독으로 입양하여야 합니다.

성년자를 입양할 때 가정법원은 관여하지 않습니다.

성인이 성인을 입양할 때에는 가정법원은 관여하지 않고 양부모와 양자가 될 사람의 의사의 합치와 등록관서에 입양신고로 성립됩니다. 그러나 입양은 부모, 자녀, 양부모를 사이에 두고 새로운 가족관계가 형성되는 것이므로 자녀를 입양 보내는 부모의 동의는 받도록 되어 있습니다. 이때 부모가 정당한 이유 없이 입양을 반대하여 동의를 거절할 때에는 가정법원에 부모의 동의를 대신할 수 있는 허가를 받아 입양할 수 있습니다.

미성년자 입양에는 가정법원의 허가가 필요합니다.

그러나 미성년자를 입양하기 위해서는 반드시 가정법원의 허가를 받아야 합니다.

종전에는 양자의 행복보다 대를 잇기 위해서와 같이 양부모의 입장에서 입양이 성립되는 경우도 많았습니다. 또한 입양이 범죄행위로 이어지거나 양부모의 경제적 이익을 위해 행해진 경우도 있어 자녀에게 큰 비극이 되었던 적도 있었습니다.

아동학대를 일삼는 등 양부모가 될 자격이 없는 사람임에도 입양제도를 남용한 입양이 심각한 사회문제가 되면서 2013. 7. 1.부터 미성년자 입양은 가정법원의 허가를 받도록 하여 미성년자 입양에 있어 국가의 후견적 개입을 강화하였습니다.

또한 양자가 미성년자인 경우에는 협의로 파양을 할 수 없고 가정법원의 재판을 통해서만 양친자관계를 해소할 수 있습니다.

가정법원은 양자가 어떤 상황에서 자라고 있는지, 양부모가 어떤 동기로 입양하려고 하는지, 양자를 잘 키울 수 있는 환경과 능력이 뒷받침되어 있는지를 고려하여 입양 허가여부를 결정합니다. 입양은 무엇보다 자녀를 위한 입양이어야 하고 미성년자 자녀의 행복과 이익을 위해서 국가에서 입양이 적절한지 보살피는 역할을 하여야 하기 때문입니다.

이러한 가정법원의 허가 없는 미성년자 입양은 무효입니다.

그리고 입양은 입양신고를 하여야 합니다.

혼인신고를 하여야 비로소 법률상 부부가 되고, 혼인 외 자녀에 대해 인지신고를 하여야 부자관계가 형성되는 것처럼, 입양신고를 하여야 비로소 양부모와 양자가 됩니다

양자는 양부모가 사망해도 상속인이 되는 것은 물론이고, 낳아준 부모와 부모자식 관계가 계속 이어지므로 부모가 사망할 경우에도 상속인이 됩니다.

다만 양자가 미성년자인 경우 양부모가 친권자가 됩니다. 양자가 되어도 성과 본은 종전과 동일하게 유지되기 때문에 필요하다면 성과 본의 변경절차를 거쳐야 합니다. 또 가족관계증명서의 부모란에는 양부모만 나오지만 입양관계증명서에는 친생부모와 양부모의 이름이 함께 기재됩니다.

친양자 입양은 입양 전 친족관계가 종료됩니다.

이러한 일반입양과 달리 친양자 입양은 친양자를 친양부모가 혼인 중에 출산한 자녀와 동일하게 봅니다. 따라서 가족관계등록부를 친양부모가 출산한 것처럼 새롭게 만듭니다. 그리고 자녀와 친부모와의 관계는 단절되고, 성과 본도 친양부모의 성과 본을 따르게 됩니다.

그리고 친생부모가 사망하더라도 상속인이 되지 않습니다.

제 6 장

가족관계등록부 정정과 개명

01 잘못된 기록을 정정하는 방법

잘못된 기록은 정정하여야 합니다.

가족관계등록부에 기록된 내용이 법률상 허가될 수 없거나 착오나 누락이 있는 경우 이를 바로 잡는 절차를 가족관계등록부 정정이라고 합니다.

가족관계등록부에 기록된 내용을 바꾸는 절차는 변경과 정정이 있습니다. 정정은 애초에 기록이 잘못된 경우에, 변경은 사후에 내용이 바뀌는 경우에 합니다.

예를 들면 출생신고한 이름이 '일등'임에도 가족관계등록부에 '이등'이라고 잘못 기록되었다면 정정절차에 따라 '일등'으로 바꿉니다. 그러나 출생신고서에 '이등'으로 적었기 때문에 가족관계등록부에 '이등'으로 기록된 경우, '일등'으로 바꾸기 위해서는 개명을 하여야 하는데 이는 변경절차입니다.

정정은 엄격한 절차에 따라야 합니다.

가족관계등록부는 신분관계를 증명하는 중요한 공적기록이자 가족관계등록부에 기록된 내용은 진실한 것으로 추정됩니다. 따라서 그 기록이 잘못되었다며 정정하려면 법률이 정한 엄격한 절차에 따라야 합니다.

법률이 정한 정정절차는 다음과 같이 세 가지가 있습니다.

등록관서 공무원에 의한 직권정정입니다.

가족관계등록부에 잘못 기록된 내용이 등록관서 공무원의 책임일 경우에는 등록관서 공무원이 직권으로 정정합니다. 앞의 예와 같이 자녀의 이름을 '일등'으로 출생신고를 하였는데 공무원의 착오로 '이등'으로 기록하였다면 등록관서 공무원이 직권으로 이를 정정하여야 합니다.

등록관서 공무원이 제적부에 기재된 내용을 잘못 이기하였거나, 착오로 A에 대한 사망신고를 B가 사망한 것으로 기록한 경우도 직권으로 정정하여야 합니다.

가정법원의 정정허가결정이 필요한 정정입니다.

신고인의 착오로 잘못 기록된 경우는 가정법원의 정정허가결정이 필요합니다.

예를 들어 인우보증서로 사망신고를 하여 사망일자가 기록되었음에도 사망일자의 착오를 주장하면서 사망일자 정정을 요구하는 경우입니다. 가족관계등록부에 기록된 내용은 진실한 것으로 추정되므로 신고인의 주장대로 가족관계등록부를 정정할 수는 없습니다.

가족관계등록부에 잘못 기록된 내용이 신고인의 책임일 경우는 가정법원에서 진정한 사실관계가 무엇인지 판단이 필요하므로 가정법원의 허가 결정이 있어야만 정정할 수 있습니다.

판결이 필요한 정정입니다.

가족관계등록부에 기록된 부모가 진정한 부모가 아닐 경우도 정정절차로 이를 정리하여야 합니다. 그러나 정정할 내용 중에 친족법상 또는 상속법상 중대한 영향을 미치는 사항은 가정법원의 판결이 필요합니다.

진정한 부모인지 여부에 대해서는 친생자관계존부 확인판결이 필요하고, 혼인할 의사가 없는 사람이 배우자로 기록된 경우는 혼인무효판결이 필요합니다.

소송(판결)과 비송(결정)은 다릅니다.

소송은 대립하는 당사자 사이의 법적분쟁을 대상으로 하지만 비송은 대립하는 당사자가 없는 법적분쟁을 해결하는 것입니다.

법원의 업무 중 엄격한 의미에서 재판절차에 속하지 아니하지만, 법원이 개인의 사적 권리의 발생·변경·소멸에 관하여 후견적 입장에서 관여하는 절차를 비송사건 절차라고 합니다. 가족관계등록부 정정허가결정도 비송사건 절차에 따릅니다.

예를 들어 대여금 소송은 피고(채무자)가 돈을 갚지 않을 경우 원고(채권자)는 법원에 소송을 제기하여 피고에게 돈을 빌려준 사실을 주장하고 입증하여야 합니다. 피고가 돈을 갚았다면 이러한 사실을 피고가 주장하고 입증하여야 합니다. 판사는 원고와 피고의 주장과 입증을 살펴보고, 승패를 결정짓는 판결로 이들 사이의 분쟁을 해결합니다.

가사소송법에 규정된 신분관계에 관한 판결도 마찬가지입니다. 혼인무효를 주장하는 원고가 이를 주장하고 피고가 반박하는 엄격한 재판절차를 거쳐서 혼인의 무효 여부를 판사의 판결로서 결정짓습니다.

그러나 개명과 같은 비송은, 대립하는 양당사자의 법적분쟁이 아니라 본인의 가족관계등록부에 기록된 이름을 바꾸어 달라는 신청에 대해 신청인의 주장을 살펴보고 필요한 조사를 한 후 판사가 개명허가 여부를 결정하게 됩니다.

따라서 비송은 소송보다 간이한 절차로 진행됩니다.

가족관계등록 비송사건이란?

가족관계등록 비송사건은 가족관계등록사무 중 비송사건절차에 따라 법원이 재판을 통하여 결정으로 결론을 내리는 사건을 말합니다.

국적취득자의 성과 본의 창설허가, 개명허가, 가족관계등록창설허가, 등록기록의 정정허가, 가정법원의 출생확인, 협의이혼의사확인 등이 가족관계등록 비송사건입니다.

이러한 가족관계등록 비송사건은 가족관계등록부에 기록된 내용의 변경 또는 정정에 있어서 법원의 결정이 필요한 사항들입니다.

판결문과 결정문입니다.

판결문

○○가정법원
판　　결

사　건　20○○드단○○ 친생자관계부존재확인
원　고　○○○(******-*******)
주소
송달장소
등록기준지
피　고　○○○(******-*******)
주소
송달장소
등록기준지
변론종결　20○○. ○. ○.
판결선고　20○○. ○. ○.

주　문

1. 원고와 피고 사이에 친생자관계가 존재하지 아니함을 확인한다.
2. 소송비용은 각자 부담한다.

신청취지

주문과 같다.

이　유

이 사건 기록에 변론 전체의 취지를 종합하면, 원고와 피고의 각 가족관계등록부에는 원고가 피고의 모(母)로 등재되어 있으나, 실제로는 원고가 피고를 출산하지 않은 사실, 원고와 피고의 유전자검사에서도 둘 사이에 친모녀관계가 성립하지 않는다는 결과가 나온 사실을 인정할 수 있으므로, 원고와 피고 사이에는 친생자관계가 존재하지 아니함이 분명하고, 원고로서는 그 확인을 구할 이익이 있다.
따라서 원고의 이 사건 청구는 이유 있어 인용한다.

판사　김 ○ ○

판결은 대립하는 당사자인 원고와 피고의 분쟁을 전제로 합니다.

결정문

○○가정법원
결　　정

사　　건　20○○호명○○ 개명
신청인겸　김○○(金○○) 19○○. ○. ○.생
사건본인　등록기준지 서울특별시 영등포구 은행로 1234
　　　　　주소 서울특별시 마포구 망원동 100번지의 1234

주　문

등록기준지 서울특별시 영등포구 은행로 1234 사건본인 '김○○(金○○)'의 가족관계등록부 중 이름 '○○(○○)'를 '△△(△△)'으로 개명하는 것을 허가한다.

신청취지

주문과 같다.

이　유

이 신청은 그 이유가 있다고 인정되므로 주문과 같이 결정한다.

20○○. ○. ○.

판사 김 ○ ○

결정은 신청인의 신청에 대해 판사가 후견적 입장에서 관여하는 절차입니다.

02 출생연월일을 정정하면 정년은 연장?

출생연월일이 잘못 기록된 분들도 있다?

과거에는 영아사망률이 높아서 일부러 늦게 출생신고하는 경우도 있었습니다. 출생신고 의무기간이 지나면 과태료를 부과하는데, 과태료가 부담되어 출생연월일을 바꿔 신고하는 일도 있었습니다. 음력으로 출생신고하여 양력 출생연월일과 차이가 발생하기도 하였습니다. 이는 출생신고 시 출생증명서가 없더라도 인우보증서로 출생신고를 할 수 있었기 때문입니다.

그러나 2016. 11. 30.부터 출생신고 시 출생증명서 또는 출생 사실을 증명하는 서면을 제출하게 하거나 이마저도 없다면 가정법원의 확인을 받도록 하여 가족관계등록부에 출생연월일이 잘못 기록될 가능성은 원천적으로 차단되었습니다.

출생연월일을 정정하고자 하는 이유

가족관계등록부에 기록된 출생연월일은 자신의 나이를 증명하는 유일한 공적 기록입니다. 이 기록으로 학교에 입학하고, 혼인할 수 있는 나이가 정해지고, 정년을 정하게 됩니다. 또한 연금 수령 및 각종 사회복지서비스를 이용하는 기준이 되는 등 개인의 삶에 많은 영향을 미칩니다. 인우보증서로 출생신고가 가능하여 출생연월일이 잘못 기록된 사람들 대다수는 현재 정년을 앞두고 있거나 연금 수령, 의료 등 사회복지서비스가 절실한 경우가 많은 것도 현실입니다.

가족관계등록부에 기록된 출생일이 실제 출생일과 다르면 정년과 연금에 있어 유불리가 발생할 수 있으므로 정년 등 유불리에 따라 자신의 출생연월일을 실제 출생연월일로 정정하고자 희망하는 분들도 있을 것입니다.

출생연월일 정정에 있어서 문제점

홍길동의 출생연월일이 실제보다 1년 후로 기록되었다고 가정하겠습니다. 홍길동은 가족관계등록부에 기록된 출생연월일을 바탕으로 주민등록번호가 부여되었고 이러한 공적 기록을 근거로 초등학교 입학부터 시작하여 모든 사회생활을 하였습니다. 홍길동은 실제 나이보다 1년 더 일을 하고 정년퇴직하였습니다. 그러나 홍길동은 정년퇴직 후 연금 수령일을 앞당기기 위하여 실제 출생연월일로 정정하고자 합니다. 홍길동은 이미 정년 연장의 혜택을 보았음에도 출생연월일을 정정하여 연금 수령에 있어 또 혜택을 볼 수도 있습니다. 이렇게 출생연월일 정정 시점을 본인의 선택함에 따라 이중 혜택을 누리도록 하는 것이 바람직할까요?

출생연월일 정정에 필요한 자료

출생연월일을 정정하려면 등록기준지 가정법원에 가족관계등록부 정정신청을 하여야 합니다.

가족관계등록부에 기록된 출생연월일은 신고인의 신고로 기록된 것입니다. 가족관계등록부에 기록된 사항은 적법한 절차에 따라 진실한 내용이 기록된 것으로 추정되므로, 이러한 추정을 깨트리고자 하는 사람은 그 기록이 진실이 아니라고 주장하고 이에 대한 자료를 제출하여야 합니다.

따라서 정정신청서에 출생연월일이 잘못되었다는 객관적 자료를 첨부하여야 합니다. 일반적으로 문중의 족보나 주변의 인우보증서는 진실한 출생연월일을 증명하는 객관적인 자료라고 보기는 어려울 것입니다.

대법원 판례에서 인정한 정정 사례

"가족관계등록부에 기재된 사람의 출생연월일에 따르면 만 2세에 초등학교에 입학하고, 만 15세에 첫 아이를 출산한 것이 되므로 경험칙과 사회통념에 비추어 수긍하기 어렵습니다. 따라서 가족관계등록부에 기록된 출생연월일이 진실에 부합하지 않음이 분명하므로 이를 수정하여 진정한 사항을 공시할 필요가 있습니다. 그런데 초등학교 생활기록부와 인우보증서의 내용이 대부분 일치하므로 이러한 자료를 바탕으로 출생연월일을 정정할 수 있습니다."

위 판례에 따르면 출생증명서와 같이 출생연월일을 객관적으로 증명할 자료가 없는 경우에도 초등학교 입학, 출산 사실 등으로 공부에 기록된 나이를 도저히 신뢰할 수 없고 초등학교 생활기록부 등에서 실제 출생연월일에 대한 신뢰를 보증한다면 해당 자료에 따라 출생연월일을 정정할 수 있다고 하겠습니다.

*대법원 2023. 7. 14.자 2023스17 결정을 참조하였습니다.

주민등록번호의 출생연월일이 다른 경우

가족관계등록부의 출생연월일과 주민등록표와 출생연월일이 다른 경우도 있습니다.

가족관계등록부에 기록된 출생연월일이 사실과 일치할 경우, 이를 토대로 주민등록표의 출생연월일을 정정하여야 합니다.

그러나 주민등록표의 출생연월일이 사실과 일치할 경우, 가족관계등록부에 기록된 출생연월일 정정은 위에서와 같이 가정법원의 허가를 받아야 합니다. 주민등록표에 기록된 출생연월일로 장기간 사회생활을 해왔다고 한다면 이러한 사실은 진실한 출생연월일을 증명하는 객관적인 자료라고 볼 수도 있습니다.

03 개명으로 사람의 운명이 바뀐다?

개명으로 사람의 운명이 바뀔까요?

개명은 가족관계등록부에 기록되어 있는 이름을 변경하는 것을 말합니다. 이름은 그 사람의 동일성을 나타내며 고유성과 단일성을 속성으로 하므로 개명을 위해서는 법원의 허가를 받아야 합니다.

개명을 하는 이유는 다양합니다. 시대 변화에 따라 괜찮았던 이름이 지금은 이상하게 보일 수도 있고, 이름으로 놀림을 받거나 원만한 사회생활을 위해 바꾸는 경우도 있습니다. 이름은 사람의 운세에 영향을 미친다고 생각하여 불행한 가정사나 사업실패를 극복하거나 좋은 입시결과를 위해 개명을 하는 경우도 많은 것 같습니다.

주위에 개명을 한 후 사업이 잘 풀렸거나 입시에서 좋은 결과가 나왔다고 하시는 분들도 있습니다. 정말 이름이 사람의 운세에 영향을 미친다고 보아야 할까요?

개명을 허가하는 이유입니다.

2024년도에 개명허가 건수는 93,337건이고, 불허가 건수는 3,879건으로 약 96%에 대해 개명을 허가하고 있습니다. 예전에는 법원에서 개명허가를 받기 어려웠던 적도 있었지만, 2005년 대법원 판례에 따라 개명은 원칙적으로 허가하고 있습니다.

"이름은 부모에 의해서 일방적으로 결정되고 이름의 주체인 본인의 의사가 개입될 여지가 없어 본인이 그 이름에 대하여 불만을 가지거나 그 이름으로 심각한 고통을 받는 경우에도 평생 그 이름을 가지고 살아

갈 것을 강요하는 것은 정당화될 수 없습니다.

이름이 바뀌어도 개인을 특정할 수 있는 주민등록번호는 변경되지 않으므로 개명으로 개인에 대한 혼동이 발생될 가능성은 크지 않고, 삼성, 현대와 같이 개인보다 사회적·경제적 이해관계가 훨씬 더 큰 대규모 기업 등도 회사의 상호의 변경에 관하여는 특별한 제한을 두고 있지 않고 자유롭게 변경할 수 있는 점과 비교할 때 개명을 엄격하게 제한할 필요가 없습니다.

따라서 범죄를 기도 또는 은폐하거나 법령에 따른 각종 제한을 회피하려는 불순한 의도나 목적이 개입되어 있는 등 개명신청권의 남용으로 볼 수 있는 경우가 아니라면, 원칙적으로 개명을 허가하여야 합니다."

*대법원 2005. 11. 16.자 2005스26 결정을 참조하였습니다.

다음의 경우도 개명하여야 합니다.

출생신고서에 기재한 이름이 '미녀'임에도 실제 가족관계등록부에 기록된 이름이 '마녀'라고 기록되었다면 등록관서 공무원이 직권으로 정정하여야 합니다.

그러나 출생신고서에 신고인의 착오로 '마녀'로 기재하여 가족관계등록부에 '마녀'로 기록된 경우는 '미녀'로 이름을 바꾸기 위해서는 개명을 하여야 합니다. 또한 한글이름에 한자를 병기하거나, 한글이름이 동일하더라도 한자가 달라지는 경우도 개명을 하여야 합니다.

개명이 불허가되는 사유입니다.

개명을 하고자 하는 이유가 범죄목적이나 법령에 따른 각종 제한을 회피하려는 불순한 의도나 목적이 개입되어 있다면 개명은 불허가 될 수 있습니다. 따라서 가정법원은 불순한 의도가 있는지 살펴보기 위하여 경찰서에 전과조회나 한국신용정보원에 신용정보조회 등을 실시합니다.

1년에 여러 차례 개명을 반복하거나 다액의 채무상환을 회피할 목적이나 외국에서 불법체류로 추방된 사람이 다른 사람처럼 입국심사를 받기 위한 목적 등이 확인되면 개명신청은 허가되지 않을 수도 있습니다.

또한 부와 모의 가족관계증명서에 드러나는 사람(할아버지, 할머니)과 동일한 이름을 기재한 출생신고는 이름을 특정하기 곤란한 것이므로 이를 수리할 수 없습니다. 따라서 할아버지 또는 할머니와 동일한 이름으로 개명할 수 없습니다.

개명절차

개명허가 신청은 주소지를 관할하는 가정법원에 하여야 합니다. 개명허가를 받는다면 개명허가결정문을 받은 날로부터 1개월 이내에 등록관서에 개명신고를 하여야 합니다. 만약 이 기간이 지나면 과태료의 제재를 받을 수 있으니 유의하여야 합니다.

가족관계등록부의 이름이 변경되면, 주민등록표, 여권, 금융기관에 기재된 이름의 변경은 본인이 해당기관에 직접 신청하여야 합니다.

이제 개명이 완료되었다면 운세가 바뀌기를 기다려야 할까요? 아니면 새로운 마음으로 더 열심히 노력해야 할까요?

04 한 사람에게 가족관계등록부가 2개?

가족관계등록부가 2개 이상인 사람도 있다?

가족관계등록부는 대한민국 국민을 대상으로 1인에게 1개가 작성됩니다. 그러나 사람에 따라서 두 개 또는 세 개의 가족관계등록부를 가지고 있기도 합니다. 이를 이중가족관계등록부라고 합니다.

이중가족관계등록부가 존재하는 원인은 다양하지만, 호적법 시대 입적과 전적의 누락으로 동일인에 대해 2개의 호적에 각각 기록된 내용이 2008. 1. 1. 가족관계등록제도 시행과 더불어 그대로 이기(移記)되어 2개의 가족관계등록부가 작성된 경우가 대부분입니다.

간혹 중혼을 목적으로 호적이 없는 사람처럼 하여 호적을 새롭게 창설한 경우도 있었습니다.

이중가족관계등록부는 1인에게 1개의 가족관계등록부가 작성된다는 원칙에 반하므로 위법한 가족관계등록부를 폐쇄합니다.

이중가족관계등록부가 작성된 사례입니다.

호적제도에서 여자는 혼인신고를 하면 남편의 호적에 입적되고, 친가 호적에서는 제적됩니다. 그러나 남편의 호적에 입적은 되었으나 친가 호적에 제적이 누락되어 2개의 호적에 각각의 신분사항이 기재되어 있는 경우도 있었습니다.

2008. 1. 1. 가족관계등록제도의 시행으로 남편의 호적에 입적된 호적과 제적이 누락된 친가 호적을 토대로 2개의 가족관계등록부가 만들어졌습니다.

이는 친가 호적에 제적이 누락되어 이중가족관계등록부가 작성되었으므로 등록관서에서 직권으로 친가 호적에 제적을 기재한 후, 친가 호적을 토대로 작성된 가족관계등록부를 폐쇄하여 이중가족관계등록부를 정리합니다.

이를 이용하여 중혼을 한 경우입니다.

호적제도에서 호주의 직계비속 장남이 아닌 사람이 혼인을 하면 법정분가하여 신호적이 편제되고, 본가 호적에서는 제적됩니다. 그러나 법정분가로 신호적이 편제되었음에도 본가 호적에서 제적이 누락되어 이중호적이 존재하는 경우도 있습니다. 만일 본인이 이를 발견한다면 제적을 요청하여야 하고, 본적지 등록관서에서는 직권으로 제적시킵니다. 그러나 혼인한 사실이 기재되지 않았음을 기화로 본가 호적을 이용하여 미혼으로 속이고 다른 여자와 다시 혼인신고를 하는 경우도 있었습니다.

첫 번째 혼인과 두 번째 혼인에서 각 자녀까지 출산하여 각각의 호적에 출생신고가 되어 있기도 합니다.

가정법원의 결정으로 이중가족관계등록부를 정리합니다.

중혼으로 만들어진 두 번째 호적과 두 번째 가족관계등록부는 위법하므로 말소하고 폐쇄함과 동시에 두 번째 가족관계등록부에 혼인(중혼)과 자녀의 기록은 없앨 수가 없으므로 첫 번째 가족관계등록부에 옮겨 적습니다.

그러나 이러한 이중가족관계등록부의 정리는 가정법원의 허가를 받아야 합니다.

다음은 가정법원의 허가로 첫 번째 가족관계등록부에 중혼과 자녀의 기록사항을 이기하여 배우자 둘과 첫 번째와 두 번째 혼인 중에 태어난 자녀들이 함께 기록된 가족관계증명서(상세) 일부입니다.

가족관계증명서(상세) 일부

등록기준지	서울특별시 영등포구 의사당로 1

구분	성 명	출생연월일	주민등록번호	성별	본
본인	김중혼(金重婚)	1965년 01월 01일	650101-12345○○	남	○○

가족사항

구분	성 명	출생연월일	주민등록번호	성별	본
부	김부				
모	이모				
배우자	전여인(全女人)	1966년 01월 01일	660101-23456○○	여	◇◇
배우자	현여인(玄女人)	1968년 01월 01일	680101-23456○○	여	▽▽
자녀	김일등(金一等)	1998년 01월 01일	980101-12345○○	남	○○
자녀	김이등(金二等)	2006년 05월 01일	060501-33456○○	남	○○

- 배우자 '전여인'은 첫 번째로 혼인한 배우자고, 배우자 '박여인'은 제적이 누락되었음을 이용하여 두 번째로 혼인한 배우자입니다.
- '김일등'은 '김중혼'과 '전여인' 사이의 자녀이고, '김이등'은 '김본인'과 '박여인'과 사이의 자녀입니다.
- 중혼은 두 번째 혼인에 대해 혼인취소의 소를 제기하여 승소하거나, 첫 번째 배우자와 이혼하면 해소됩니다.

05 판결로만 정정이 가능하다?

부모가 아닌데 부모로 기록된 경우도 있다?

혼인 중에 있던 남편이 제3자와 사이에서 낳은 자녀를 배우자가 출산한 것으로 출생신고를 하거나 입양을 드러내기 꺼리던 사회적 분위기 때문에 양자를 자신의 자녀인 것처럼 출생신고를 하여 부모가 아님에도 부모로 기록된 경우가 있습니다.

친생자로 출생신고 한 양자의 가출로 양부모와 관계가 단절되거나 상속 등 재산분쟁이 발생할 경우 이들을 상대로 친생자가 아니라는 친생자관계부존재 확인의 소가 제기되기도 합니다.

앞에서 본 바와 같이 2016. 11. 30.부터는 출생신고 시 출생증명서 등을 제출하여야 하므로 부모가 잘못 기록될 여지는 사라지게 되었습니다.

부모가 아니라는 판결이 필요합니다.

가족관계등록부에 기록된 사항은 적법한 절차에 따라 실체적 사실에 맞게 기록된 것으로 추정되므로, 이러한 추정을 깨트리고자 하는 사람이 그 기록이 진실이 아니라고 주장하고 이에 관한 자료를 제출하여야 한다고 하였습니다.

친족법상 또는 상속법상 중대한 영향을 미치는 사항을 정정하기 위하여 제출하여야 하는 자료는 판결문입니다. 허위로 기록된 부모를 말소하기 위해서는 친생자관계부존재 확인판결문 등을 제출하여야 할 것입니다. 부모가 누구인지 여부는 친족법상 또는 상속법상 중대한 영향을 미치기 때문입니다.

가사소송법에 따른 판결을 받아야 합니다.

부모와 자녀 관계에 대해 가사소송법에 따라 다투기 위해서는 '친생자관계부존재 확인의 소', '인지무효의 소', '입양무효의 소', '친생부인의 소', '인지청구의 소' 등을 제기하여야 합니다. 가족관계등록부의 부모나 자녀를 정정 또는 기록하기 위해서는 이러한 소송을 통한 판결이 필요합니다.

예를 들어 혼인 중에 있던 '홍판서'는 첩인 '춘섬'과 사이에서 '홍길동'을 낳았음에도 배우자 사이에서 태어난 자녀인 것처럼 출생신고를 하여 '홍길동'의 가족관계등록부에 어머니 '춘섬'이 기록되지 않은 경우입니다.

'홍길동'의 가족관계등록부에 어머니를 기록하기 위해서는 먼저 '홍판서의 본처'를 상대로 친생자관계부존재 확인판결을 받아야 합니다. 해당 판결문을 가지고 등록관서에 정정신청을 하면 '홍길동'의 가족관계등록부에 모로 기록된 '홍판서의 본처'를 말소합니다.

친생자관계부존재 확인판결을 받은 경우입니다.

친생자관계부존재 확인판결로 허위로 기록된 부 또는 모를 말소하는 가족관계등록부 정리 절차입니다.

'홍판서'가 출생신고 한 '홍길동'의 가족관계등록부에 기록된 모와 친생자관계부존재 확인판결이 확정된 경우, 모의 기록을 말소하고 가족관계등록부를 폐쇄한 후 새롭게 가족관계등록부를 작성합니다. 새롭게 작성된 가족관계등록부에 어머니 '춘섬'을 기록하려면 출생의 추후보완신고를 하거나 어머니 '춘섬'을 상대로 친생자관계존재 확인소송을 하여야 합니다.

그러나 출생신고를 한 아버지 '홍판서'와 친생자관계부존재 확인판결이 확정된 경우, '홍길동'의 가족관계등록부에 '홍판서'를 말소한 후 홍길동의 가족관계등록부를 폐쇄합니다. 이 경우 '홍판서'는 '홍길동'의 아버지가 아님에도 아버지 자격으로 출생신고를 하여 가족관계등록부가 만들어졌으므로 가족관계등록부 자체가 위법합니다. 따라서 출생신고의무자인 진정한 부 또는 모가 다시 처음부터 출생신고를 하여야 합니다. 만약 출생신고의무자가 없는 경우 가정법원의 창설허가결정을 통해 가족관계등록부를 작성할 수 있습니다.

판결을 받을 수 없는 내용의 정정은?

가사소송법에 의하여 판결을 받을 수 없다면 가정법원의 등록부정정허가 결정을 받아야 합니다.

예를 들어 사람이 사망하였는지 여부나 사람이 사망한 일시는 친족법상 또는 상속법상 중대한 영향을 미치는 사실이지만 이를 다툴 수 있는 방법이 가사소송법은 물론 다른 법률이나 대법원규칙에도 정하여진 바가 없습니다. 따라서 '홍판서'가 특정한 시기에 사망하였다는 가족관계등록부의 기록이 잘못되었다는 소송을 제기할 수 없습니다.

다만 '홍판서'의 가족관계등록부에 기록된 사망일시가 잘못되었으므로 이를 정정하여 달라는 등록부정정허가 신청을 하여 가정법원에서 이를 허가한다면 이 결정문으로 사망일시를 정정할 수 있습니다.

제 7 장

국제가족관계등록

1. 재외국민 가족관계등록사무소 소개
2. 외국인과 혼인은 어느 나라 법에 따라?
3. 외국인과 이혼은 어느 나라 법에 따라?
4. 국제인지는 어느 나라 법에 따라?
5. 외국인이 한국인의 가족이 된다면?

01 재외국민 가족관계등록사무소 소개

재외국민은 대한민국 국민입니다.

재외국민은 외국에 거주하거나 체류하는 대한민국 국민입니다. 재외국민은 대한민국 국민이므로 이들의 출생·혼인·사망 등 가족관계의 발생 및 변동사항은 가족관계등록부에 기록되어야 합니다.

재외국민은 외국에 거주하고 있으므로 그 지역을 관할하는 대한민국 재외공관에 가족관계등록신고를 할 수 있도록 하였습니다.

또한 재외국민이 거주하는 나라의 방식에 따라 혼인 등 신분행위를 하고 혼인증서 등을 작성한 경우에는 3개월 이내에 재외공관의 장에게 증서의 등본을 제출하거나 등록기준지 등록관서 또는 재외국민 가족관계등록사무소에 증서의 등본을 발송 또는 직접 제출하여야 합니다. 이 기간이 경과한다면 과태료 제재의 대상이 됩니다.

재외국민 가족관계등록사무소를 소개합니다.

재외국민은 주로 재외공관에 가족관계등록신고를 하거나 신분행위에 대한 증서의 등본을 제출합니다. 예전에는 재외공관에 신고를 하면 이를 수리한 재외공관에서 외교행낭을 통해 외교부로 신고서류를 보냈고, 외교부에서는 전국 1,600여개 등록관서로 다시 송부하여 이를 처리하도록 하였습니다. 신고에서부터 기록까지 통상 2~3개월 시간이 소요되었고, 국제적 요소가 있는 가족관계의 발생 및 변동사항을 1,600여개 등록관서에서 통일적이고 전문적으로 처리하는 것이 어렵기도 하였습니다.

이를 해결하기 위해 2015. 7. 1. 법원행정처에 재외국민 가족관계등록사무소를 설치하여 재외공관에서 접수하는 신고사건을 이곳에서 처리하도록 하였습니다. 처리방법에 있어서는 재외공관에서 접수한 신고사건 및 증명서 발급을 전자적 송부시스템을 도입하여 신고서류 처리기간을 1주일 이내로 단축하여 가족관계등록업무 뿐만 아니라 이와 연동된 국적, 비자, 여권, 병역 등과 관련된 업무를 빠르고 효율적으로 진행할 수 있게 되었습니다.

또한 국제적 신분관계를 재외국민 가족관계등록사무소라는 단일기관에서 처리함에 따라 보다 전문적이고 일관성 있는 업무처리가 가능하게 되었습니다. 그리고 전화, 홈페이지, 대표메일 등을 통해 접수된 다양한 질의에 대한 답변을 제공하여 재외국민의 가족관계등록업무에 크게 기여하였습니다.

재외국민 가족관계등록사무소 홈페이지입니다.

일부 재외공관에서는 가족관계등록신고사건을 직접 처리합니다.

뉴욕총영사관, 로스앤젤레스총영사관, 시드니총영사관, 칭다오총영사관, 일본대사관, 오사카총영사관, 후쿠오카총영사관, 호치민총영사관에는 재외국민 가족관계등록사무소 가족관계등록관이 파견되어 가족관계등록신고사건을 직접 처리하고, 등록사항별증명서를 파견된 가족관계등록관 명의로 당일 발급합니다.

법률상담, 재외국민의 협의이혼의사확인사무, 영사 송달 등 사법공조업무도 수행하고, 국적·여권·비자·병역 등 영사 민원업무도 지원하고 있습니다. 또한 친족관계, 상속, 가족관계등록정리 등 법률적 지식과 실무경험을 갖춘 법원공무원이 재외국민에게 양질의 사법서비스를 제공하고 있습니다.

02 외국인과 혼인은 어느 나라 법에 따라?

국제혼인은 어느 나라 법에 따를까요?

국제적 교류가 활발해짐에 따라 한국 내에서 한국인과 외국인 사이의 혼인·이혼뿐만 아니라 외국에서 한국인 사이 또는 한국인과 외국인 사이의 신분행위가 지속적으로 증가하고 있습니다.

우리나라는 18세이면 혼인할 수 있고, 8촌 이내의 혈족 간의 근친혼은 금지되어 있습니다. 그러나 혼인연령이 16세로 정해진 국가도 있고, 22세가 되어야 혼인을 할 수 있는 국가도 있습니다. 또한 4촌 사이에 혼인이 가능한 국가도 있습니다.

이처럼 각국의 법이 다르므로 외국인과 혼인하고자 할 때 먼저 어느 국가의 법에 따라야 할지가 문제됩니다. 4촌 사이에 혼인이 가능하다는 국가의 법에 따라 우리나라 국민이 그 나라 국민인 4촌과 혼인을 한 경우 이 혼인을 우리나라 가족관계등록부에 기록할 수 있을까요?

국제사법과 외국의 법률까지 알아야 합니다.

외국인과 혼인 등 신분행위를 할 때 어느 국가의 법에 따라야 하는지를 정하고 있는 법이 '국제사법'입니다.

국제사법에서는 혼인의 성립요건을 각 당사자의 본국법에 따르도록 하고 있습니다. 혼인연령, 부모의 동의, 혼의의사, 혼인능력, 중혼의 금지, 근친혼의 금지 등 혼인의 실질적 성립요건에 대해 한국인은 우리나라 법을 따르고, 외국인은 본인 국가의 법에 따르도록 하고 있습니다. 만약 외국 국가의 법에서 22세 이상만 혼인할 수 있다면 우리나라 사람이 그 나라의 21세 외국인과 혼인할 수 없는 것이 원칙입니다.

이처럼 외국인과 혼인을 위해서는 먼저 국제사법을 통해 어느 국가의 법을 따라야 하는지를 보고, 국제사법에서 외국법을 따르도록 되어 있다면 해당 외국법도 알아야 합니다.

혼인의 성립요건 구비증명서?

외국인과 혼인하기 위해서는 외국인은 본국법에 정한 혼인연령 등 혼인의 실질적 성립요건을 갖추어야 합니다. 그러나 이러한 실질적 성립요건은 각국마다 다릅니다. 따라서 이러한 요건을 갖추고 있는지 심사하기 위해 외국의 권한 있는 기관(해당 국가의 관공서, 재외공관)에서 발급한 서류를 제출하여야 하는데 이를 혼인의 성립요건 구비증명서라고 합니다. 그 나라에 성립요건 구비증명서 제도가 없는 경우 한국 주재 재외공관의 영사 등의 앞에서 선서한 선서서나 공증서면을 제출하여야 합니다.

예를 들어 한국인이 베트남인과 혼인을 위해서는 베트남인이 베트남 법률에 따라 혼인할 수 있다는 혼인요건인증서를 제출하여야 합니다. 또한 베트남 혼인·가족법에 혼인할 수 있는 나이는 남자는 20세(19번째 생일의 다음 날), 여자는 18세(17번째 생일의 다음 날)로 규정되어 있으므로 베트남인이 이 나이에 이르지 아니하였다면 혼인신고를 수리할 수 없습니다.

외국인과 중혼한 경우입니다.

혼인의 성립요건 중 근친혼의 금지, 중혼의 금지 등은 한쪽 당사자 국가에서 금지되었다면 혼인이 성립할 수 없습니다.

한국인 A가 한국인 B와 혼인한 상태에서 외국인 C와 외국에서 혼인하고 혼인증서 등본을 제출한 경우입니다.

먼저 C의 국적이 일본인 경우, 한국과 일본은 중혼을 혼인취소 사유로 보고, 혼인이 취소되기까지는 유효한 것으로 보고 있습니다. 따라서 C와 혼인을 A의 가족관계등록부에 기록할 수 있습니다.

그러나 C의 국적이 싱가포르인 경우, 싱가포르에서는 중혼을 혼인무효 사유로 보고, 혼인이 처음부터 성립되지 않은 것으로 보고 있습니다.

근친혼의 금지, 중혼의 금지는 한쪽 국가에서 무효사유로 규정되어 있으면 더욱 엄격한 법을 적용하도록 되어 있습니다. 따라서 한국인 A와 싱가포르 국적 C 사이의 혼인은 무효로 A의 가족관계등록부에는 혼인사실을 기록할 수 없습니다.

외국에서 4촌과 혼인을 한 경우입니다.

파키스탄의 경우 4촌 사이에도 혼인이 가능합니다. 우리나라 사람이 파키스탄에서 파키스탄 국적 4촌 여성과 혼인할 경우 파키스탄 법률로는 유효합니다. 그러나 우리나라 민법은 4촌 사이의 혼인은 근친혼으로 혼인무효로 보고 있습니다. 이러한 근친혼의 금지는 당사자 쌍방과 관련된 혼인장애사유로 당사자 쌍방에게 누적적 · 중첩적으로 적용되는 것입니다.

비록 파키스탄에서 4촌인 당사자 사이의 혼인을 유효한 것으로 인정하더라도 한국에서 혼인의 실질적 성립요건을 결여하여 무효인 혼인임이 명백하므로 당사자가 파키스탄 방식에 의한 혼인증서를 첨부하여 혼인신고를 하더라도 이를 기록할 수 없습니다.

혼인의 방식은 자유롭습니다.

국제사법에 따르면 혼인의 방식은 혼인을 한 곳의 법 또는 당사자 중 한쪽의 본국법에 따르도록 되어 있습니다. 따라서 우리나라 사람이 외국에 체류 또는 거주하는 경우 그 나라 법률이 정한 방식에 따라 혼인할 수 있습니다. 또한 우리나라 사람이 외국 사람과 혼인하는 경우에는 거주하고 있는 나라 또는 배우자 나라의 법률이 정한 방식에 따라 혼인할 수 있습니다.

한국인과 프랑스인이 체류 또는 거주하고 있는 나라가 말레이시아라면 말레이시아에서 정한 방식에 의하여 혼인을 할 수 있습니다.

우리나라에서는 우리나라 방식으로 하여야 합니다.

국제사법에 따르면 대한민국에서 혼인을 하는 경우에 당사자 한쪽이 대한민국 국민인 때에는 대한민국 법에 따르도록 되어 있습니다.

대한민국 국민은 우리나라에서 우리나라 국민 또는 외국인과 혼인을 위해서는 반드시 혼인신고서에 증인 2명의 연서를 받아 우리나라 등록관서에 신고하여야 합니다.

이는 우리나라 국민의 혼인관계가 가족관계등록부에 기록되지 않은 채 유효하게 성립된다고 한다면 신분관계에 혼란을 일으킬 우려가 있고 그 혼인관계에서 출생한 자녀들의 국적이나 지위가 불안정해 질 수 있기 때문입니다.

따라서 한국인과 외국인이 우리나라에서 혼인할 경우 외국법에서 특정 종교시설에서 선서로 혼인이 이루어진다고 규정되어 있더라도 반드시 우리나라 등록관서에 혼인신고를 해야만 혼인이 성립합니다.

03 외국인과 이혼은 어느 나라 법에 따라?

이혼에 대한 각 국가의 입장은 다릅니다.

한국인 사이의 이혼도 단순한 문제가 아니나, 국경을 뛰어넘는 이혼은 좀 더 복잡한 문제가 있습니다. 우선 이혼에 대한 각 국가의 입장이 다릅니다.

이혼을 허용하는 국가가 대부분이지만 이혼을 전혀 허용하지 않는 국가도 있고, 예외적인 경우에 한해 이혼을 허용하는 국가도 있습니다. 이혼을 허용하더라도 협의이혼만 허용하는 국가도 있고, 가정법원에 의한 재판상 이혼만을 허용하는 국가도 있습니다.

그리고 이혼을 할 수 있는 사유도 각 나라마다 다르게 정하고 있습니다. 따라서 외국인과 이혼을 하려고 할 때 어느 나라 법을 적용할지 여부는 당사자에게 매우 중요한 의미를 갖는다고 하겠습니다.

이혼할 때 적용하는 법입니다.

국제사법에 따르면 이혼 할 때는 부부의 동일한 본국법, 부부의 동일한 일상거소지법, 부부와 가장 밀접한 관련이 있는 곳의 법을 순차로 따릅니다.

한국인 부부의 이혼은 우리나라 법을 따릅니다.

한국인 부부는 이혼할 때 한국에 있든 외국에 있든 모두 우리나라 법을 따라야 합니다. 따라서 한국인 부부가 외국에 거주하여도 협의이혼을 하려고 할 때는 대한민국 가정법원의 협의이혼의사 확인을 받아야 합니다. 그러나 외국에 거주하는 한국인들은 우리나라 가정법원에 출석하여 협의이혼의사 확인절차를 진행하는 것이 어렵기 때문에 거주지 관할 대사관이나 영사관에 방문하여 협의이혼의사 확인절차를 진행할 수 있습니다.

재외공관장이 당사자 쌍방으로부터 협의이혼의사확인 신청을 받은 때에는 신청서 등을 서울가정법원으로 송부하고, 서울가정법원은 진술요지서 등에 의하여 신청당사자의 이혼의사 등을 확인합니다. 이혼의사 등을 확인한 때 서울가정법원은 확인서를 작성하고 당사자 거주지 재외공관의 장에게 송부하도록 되어 있습니다.

한국인과 외국인 부부가 한국에 거주할 경우 우리나라 법을 따릅니다.

한국인과 외국인 부부가 한국에 거주할 경우 우리나라 가정법원에 이혼의사확인을 받아 협의이혼신고를 하거나, 우리나라 가정법원에서 재판상 이혼을 할 수도 있습니다.

한국인과 외국인 부부가 외국에 거주할 경우 그 나라 법에 따릅니다.

한국인과 외국인 부부가 외국에 거주할 경우는 부부의 동일한 본국법도 없고, 부부가 한국에 거주하는 것도 아니므로 결국 함께 사는 나라의 법에 따라 이혼합니다. 국가에 따라서는 종교기관에서 이혼하거나, 국왕이 이혼을 허가해주어야 하는 국가도 있는데, 만약 그런 국가에서 함께 살고 있다면 그 나라 방식에 따라 이혼해야 하는 것입니다. 협의이혼을 허용하지 않는 나라라면 재판상 이혼을 하여야 합니다.

외국에서 이혼한 경우에도 한국에 이혼신고를 해야 합니다.

외국에서 거주하는 부부가 이혼을 그 나라 방식에 따라 하고 남남이 되었음에도, 우리나라에 신고를 하지 않으면 가족관계증명서에는 여전히 배우자로 남아있습니다. 때문에 외국에서 이혼을 한 재외국민이라도 우리나라에 이혼사실을 신고하도록 하고 있습니다. 외국에서 받은 이혼증서등본을 관할 대사관이나 영사관에 제출하거나 등록기준지 등록관서나 재외국민 가족관계등록사무소에 우편으로 보내거나 귀국 후 직접 제출할 수도 있습니다.

외국에서 재판상 이혼한 경우에도 마찬가지입니다.

외국에서 재판상 이혼을 하는 경우는 어떨까요? 일반적으로 외국 판결을 우리나라에서 집행하기 위해서는 우리나라 법원의 집행판결이 필요합니다. 하지만 외국에서 재판상 이혼을 한 경우에 가족관계등록부에 이를 기록하기 위해서 집행판결을 받을 필요는 없습니다.

대신 패소한 당사자에게 소장 등 송달여부를 보고 이혼 소송에 대해 충분히 대응할 수 있었는지 여부 등을 살펴보게 됩니다. 피고가 이혼소송 중에 그 나라에 있지 않았다면 피고로서는 받아들이기 어려운 판결일 것입니다. 그럼에도 패소한 피고가 오히려 이혼신고를 한다면 이런 요건을 따질 필요도 없이 이혼신고를 기록할 수 있습니다.

04 국제인지는 어느 나라 법에 따라?

인지할 때 선택하는 국가의 법에 따라 요건이 달라집니다.

국제사법에 따르면 부가 인지하는 경우 자녀의 출생 당시 모의 본국법, 자녀의 출생 당시 부의 본국법, 인지 당시 자녀의 일상거소지법 및 인지 당시 부의 본국법 중 어느 한 국가의 법을 선택하여 할 수 있습니다.

즉 인지를 할 때 아버지 나라 법을 따를 수도 있고, 어머니 나라 법을 따를 수도 있습니다. 아이가 살고 있는 나라의 법을 따를 수도 있습니다. 비유를 한나녀 여러 시험들 중 선택해 하나를 통과하면 되는 셈입니다.

그러나 자녀가 이미 성인이 되었거나 부모가 부양받을 목적으로 인지할 경우 인지를 원하지 않을 수 있으므로 인지할 때 자녀 등의 동의를 받도록 하는 국가도 있을 수 있습니다. 국제사법에서는 자녀의 본국법에 자녀 또는 제3자의 승낙이나 동의 등을 요건으로 할 때에는 그 요건도 갖추어야 한다고 하였습니다. 외국인 자녀의 본국법에서 이러한 요건이 필요하다면 해당 요건을 갖추어야 함은 물론입니다.

외국인인 자녀가 한국인 아버지로부터 인지를 받는다고 바로 대한민국 국민이 되지 않는 것은 앞서 살펴보았습니다. 그렇다면 구체적으로 한국인 아버지가 외국인 자녀를 인지하기 위해서는 어떤 요건과 방식을 갖추어야 할까요?

우리나라 법에 따를 경우 어머니의 미혼사실을 증명해야 합니다.

인지는 혼인 외의 자녀에 대하여만 할 수 있습니다. 인지신고를 할 때 어머니의 혼인관계증명서에 아무런 기록도 없다면 큰 문제가 되지 않습니다.

그러나 자녀가 태어날 무렵 혼인 중이었거나 이혼한 지 300일 이내라면 일단 혼인중의 자녀로 추정됩니다. 핏줄이 흐르는 아버지가 따로 있더라도 일단 어머니의 남편의 자녀로 취급됩니다. 따라서 아버지가 인지신고하기 위해서는 이러한 추정을 깨트리는 판결 등이 먼저 필요합니다.

한국인 남성과 외국인 여성 사이에서 태어난 자녀도 마찬가지입니다. 친생추정이 미치는 경우 등을 확인하기 위해서는 외국인 여성의 국가에서 혼인했는지를 확인하기 위해 미혼증명서 등이 필요할 수도 있습니다.

외국법에 따를 경우 외국법에 정한 요건을 갖추어야 합니다.

외국법을 따를 경우 외국법에서 정하고 있는 인지의 요건을 갖추어야 합니다.

예를 들어 한국인 아버지가 중국인 어머니 사이에서 얻은 아이를 인지하는 경우를 생각해 보겠습니다. 중국은 우리와 달리 친생추정이 미치지 않고, 혈통상 부자관계가 인정되면 법률상으로도 부자관계라는 태도를 취하고 있습니다. 즉 생부이기만 하면 설령 어머니가 다른 남자와 혼인 중이었다고 하더라도 인지할 수 있습니다.

때문에 생부라는 사실이 기록되고 중국에서 권한 있는 기관이 발행해준 출생공증서를 첨부하면, 어머니가 미혼인 사실을 증명하지 않고도 인지신고를 할 수 있습니다. 대신 이때 아이의 어머니 나라법인 중국법을 따르기로 선택한 경우이므로, 중국법을 선택하였음을 알 수 있도록 자녀가 태어날 당시 어머니의 여권 등 국적을 증명하는 서면을 제출하여야 합니다.

05 외국인이 한국인의 가족이 된다면?

대한민국 국민만 가족관계등록부가 있습니다.

가족관계등록부는 '국민'의 가족관계의 발생 및 변동에 관하여 기록하므로 외국인은 가족관계등록부가 없습니다. 외국인은 한국인과 혼인하거나 한국인이 인지, 입양하면 한국인의 가족관계등록부에 외국인으로 기록될 뿐입니다. 따라서 가족관계등록부를 가졌다는 것 자체가 대한민국 국민이라는 사실을 증명하기도 합니다.

귀화로 대한민국 국민이 될 수 있습니다.

대표적인 국적취득의 방법은 귀화입니다. 대한민국 국적을 취득한 적이 없는 사람이 대한민국 국민이 되는 방법입니다. 5년 이상 대한민국에 주소가 있으며 영주할 수 있는 체류자격을 갖추어야 합니다. 또 품행이 단정해야 하므로 범죄경력이나 출입국관리법에 따라 강제퇴거명령을 받은 전력 등도 없어야 합니다. 생계를 유지할 능력이 있어야 하는 등 귀화 요건은 엄격합니다. 대한민국 국민으로서 기본 소양을 갖추고 있는지 확인을 위해 귀화시험도 봅니다.

대한민국 국민의 가족이 된다면?

이렇게 만만치 않은 대한민국 국적취득은 한국인과 가족이 된다면 좀 더 용이해 집니다. 한국인과 가까워지면 대한민국과도 조금 더 가까워지는 것입니다.

혼인하면 간이귀화 할 수 있습니다.

대한민국 국민과 혼인한 경우에는 간이귀화의 길이 열려 있습니다. 한국인과 혼인관계가 잘 유지되고 있는지를 살펴서, 국내 거주기간 같은 요건을 완화해줍니다. 배우자가 사망하였거나 이혼하였다고 하더라도, 혼인관계의 파탄에 잘못이 없거나 한국인 미성년의 자녀를 양육해야 한다면 이와 같은 사정을 고려하여 요건을 완화합니다.

양자가 되면 특별귀화나 간이귀화 할 수 있습니다.

대한민국 국민의 양자가 되는 경우에도 대한민국 국민이 되는 길은 조금 더 쉽습니다. 성년자의 경우는 혼인과 마찬가지로 간이귀화로 국적을 취득할 수 있습니다. 미성년자의 경우에는 생계유지능력조차 묻지 않는 특별귀화로 국적취득이 가능합니다.

부모가 귀화하면 미성년 자녀는 수반취득 할 수 있습니다.

부모가 귀화하면 미성년 자녀도 귀화를 신청할 수 있습니다. 이를 '수반취득'이라고 합니다. 미성년 자녀는 부모의 친권이나 양육권의 보호를 받아야하는 만큼 부모가 귀화라는 엄격한 관문을 통과하였다면 그 자녀에게는 다시 엄격한 잣대를 들이대지 않는 것입니다.

한국인이었던 사람은 국적회복을 할 수 있습니다.

예전에 한국인이었다가 국적을 상실한 사람이 다시 한국 국적을 취득하고 싶은 경우에는 어떨까요? 한때 국민이었던 사람은 귀화보다 요건이 완화된 '국적회복'으로 대한민국 국적을 다시 가질 수 있습니다. 이 때도 법무부장관의 허가가 필요한데 국가나 사회에 위해를 끼친 사람이나, 병역 기피 목적으로 대한민국 국적을 상실했던 사람은 국적회복이 허가되지 않을 수도 있습니다.

법무부장관의 통보로 가족관계등록부를 작성합니다.

국적을 취득하면 동시에 가족관계등록부가 생길까요? 그렇지는 않습니다. 국적취득절차를 담당하는 법무부에서 가족관계등록업무를 담당하는 등록관서에 국적취득 사실을 통보하면 비로소 가족관계등록부가 작성됩니다.

국적취득자의 기본증명서(상세) 일부

구분	성 명	출생연월일	주민등록번호	성별	본
본인	응우옌티앙	1985년 01월 10일		여	

일반등록사항

구분	상세내용
귀화	[국적취득일] 2021년 4월 10일 [취득전국적] 베트남 [통보일] 2021년 4월 11일 [통보자] 법무부장관 [처리관서] 경기도 포천시

대한민국 국적을 상실하는 경우도 있습니다.

대한민국 국민이 다른 나라 국적을 취득하게 되면 대한민국 국적을 상실하게 됩니다. 먼저 자진해서 다른 나라 국민이 된 경우에는 당연히 대한민국 국적을 상실합니다. 그러나 외국인과 혼인하거나 입양, 인지되어서 그 나라 법에 따라 자동적으로 외국국적을 취득하게 되는 경우도 있습니다. 이로 인해 바로 대한민국 국적을 잃는다면 외국인과 혼인했을 뿐, 외국국적을 원하지 않았던 사람으로서 억울한 경우도 생길 수 있습니다. 이때에는 6개월 내 대한민국 국적을 보유하고 싶다는 뜻을 밝히면 복수국적이 허용되지만 6개월 이후에는 다른 국적을 포기하지 않으면 외국국적을 취득한 때에 대한민국 국적을 상실한 것으로 봅니다. 또한 복수국적자가 되었더라도 일정기간 내에 외국국적을 포기하거나 대한민국에서 외국 국적을 행사하지 아니하겠다는 뜻을 서약해야만 대한민국 국적을 선택한다는 뜻을 신고할 수 있습니다.

국적을 상실하면 가족관계등록부는 폐쇄합니다.

대한민국 국적을 상실하면 국적상실신고를 하여야 합니다. 국적상실신고에 따라 외국인이 된 사람의 가족관계등록부를 폐쇄하고 이후의 가족관계의 변동은 더 이상 기록하지 않습니다.

가족관계등록부는 한 사람의 출생과 사망뿐만 아니라 대한민국 국민으로서의 시작과 끝도 함께하는 것입니다.

이야기 가족관계등록

인쇄일 2025년 10월 28일
발행일 2025년 11월 3일

저 자 법원행정처
발행처 사법발전재단
주 소 서울시 서초구 서초대로 219
디자인 주)홍디자인

정 가 13,000원
ISBN 979-11-6086-136-5 93360